R. FENTE, J. FERNANDEZ Y L. G. FEIJOO
De la Universidad de Madrid

CURSO INTENSIVO DE ESPAÑOL

EJERCICIOS PRACTICOS

NIVEL ELEMENTAL E INTERMEDIO

TERCERA EDICION

SOCIEDAD GENERAL ESPAÑOLA DE LIBRERIA, S. A.
Evaristo San Miguel, 9
MADRID-8

OTRAS OBRAS DE ESPAÑOL

- **Clave** para el nivel elemental e intermedio
- **Ejercicios prácticos,** nivel intermedio y superior
- **Clave** para el nivel intermedio y superior
- **Estilística del verbo en inglés y en español**
- **El subjuntivo**
- **Perífrasis verbales**
- **Las preposiciones** (2 vols.)
- **Gramática generativa de la lengua castellana**
- **La expresión del cambio**

ISBN 84-7143-017-7

Depósito legal: M. 33228.—1974

Impreso en España - Printed in Spain

Selecciones Gráficas - Carretera de Irún, km. 11,500 - Madrid (1974)

INTRODUCCION

Aparece con este libro la primera parte del Curso Intensivo de español, *a nivel elemental e intermedio, que complementa el que con el mismo título y orientado hacia los niveles intermedio y superior, se publicó en el año 1967.*

La presente obra, por consiguiente, tiene como finalidad el completar el ciclo de ejercicios prácticos a todos los niveles de enseñanza de la lengua española a extranjeros.

Continúa siendo nuestra preocupación principal el mantener la ordenación lógica de los problemas gramaticales y léxicos según el grado de dificultad que tradicionalmente se plantea a los estudiantes extranjeros en el aprendizaje de nuestra lengua; pero a diferencia de nuestro primer libro, el primer ciclo (por ser estrictamente elemental) presenta en sus unidades didácticas una variedad de ejercicios que siguen un criterio tradicional de presentación de los problemas morfológicos más básicos en el terreno del verbo, adjetivo, sustantivo, concordancia, pronombres, etc., con el fin de dotar al estudiante de los elementos imprescindibles para echar a andar por el arduo camino de la lengua.

El segundo ciclo, sin embargo, sigue una ordenación más similar a la del primer libro; es decir, se toma el verbo y su sintaxis como núcleo central de cada unidad y se acompaña de ejercicios diversos sobre las demás categorías lingüísticas.

Cada unidad finaliza con uno o dos ejercicios de léxico que redondean el conjunto y sirven para dar variedad e interés.

El libro está pensado para ser utilizado en clase y gran parte de los ejercicios presuponen un conocimiento teórico de la gramática o una explicación del profesor. Se observará que están sistemáticamente tratados en su totalidad los puntos gramaticales de persistente dificultad para los extranjeros y ello es lo que nos ha movido a introducir una serie de ejercicios, señalados mediante un asterisco, que tal vez puedan parecer excesivamente complicados para un nivel elemental e intermedio, y cuya utilización dejamos al arbitrio del profesor según el grado de aprovechamiento de los alumnos y el tiempo de que se disponga. Hacemos hincapié en la originalidad y conveniencia de algunos de estos ejercicios que no aparecen en la mayoría de los libros de enseñanza de español publicados hasta la fecha y que, sin embargo, consideramos fundamentales por tratarse en su mayoría de estructuras y giros sintácticos de uso muy frecuente en el español de hoy día.

Mantenemos la tónica de emplear un vocabulario vivo y actual desde la primera unidad hasta la última. Las palabras y expresiones de uso inmediato y cotidiano utilizadas en la confección del presente libro se complementan con los ejercicios especiales de léxico que se incluyen en las lecciones.

El libro va acompañado de un índice en el que hemos especificado con la mayor claridad posible los diferentes tipos de ejercicios que lo componen y, también, de una clave de ejercicios que no pretende en modo alguno suplantar la labor del profesor, sino que está concebida como una mera ayuda para el alumno que no disponga de una debida orientación pedagógica.

Esperamos que sepan disculpar los posibles fallos y omisiones que inevitablemente se cometen en toda obra de este tipo, y confiamos en que nuestra ya larga experiencia en el campo de la enseñanza de la lengua española a extranjeros se vea reflejada en esta obra y sea útil a los numerosos colegas y estudiantes de nuestro idioma.

LOS AUTORES.

Madrid, agosto de 1971.

INDICE POR UNIDADES DIDACTICAS

PRIMER CICLO

SEGUNDO CICLO

PRIMER CICLO

unidad 1

1. Ponga los verbos entre paréntesis en la forma correcta del presente de indicativo

1. Yo (beber) ...... vino, no agua.
2. Nosotros (aprender) ...... español.
3. Vosotros (hablar) ...... francés.
4. Ella (escribir) ...... una novela.
5. Ellos no (vivir) ...... en Madrid.
6. ¿A qué hora (entrar) ...... Vd. a trabajar?
7. Yo no (comer) ...... en casa los domingos.
8. ¿Por qué no (abrir) ...... (tú) la ventana?
9. Vds. (estudiar) ...... poco.
10. El (llamar) ...... a la puerta.

2. Ejercicio sobre SER y ESTAR. Escriba la forma correcta del presente de indicativo

1. Yo (ser) ...... francés.
2. Ellos (estar) ...... aquí.
3. Vds. no (ser) ...... católicos.
4. Juan (estar) ...... enfermo.
5. Tú (ser) ...... ingeniero.
6. Antoñita (estar) ...... en clase.
7. Eso (ser) ...... fácil.
8. Yo (estar) ...... cansado.
9. Nosotros (ser) ...... españoles.
10. ¿Cómo (estar) ...... Vd.?
11. Vosotros (ser) ...... simpáticos.
12. Ellos (ser) ...... médicos.
13. ¿Dónde (estar) ...... vosotros?
14. Ese lugar (estar) ...... lejos de aquí.
15. ¿Por qué (estar) ...... tú aquí?

3. Ponga EL, LA, LOS o LAS delante de las siguientes palabras

café	mujer	ley
sofá	brazo	jersey
hombre	días	autobuses
mano	jardín	animal
reinas	lunes	crisis
pila	locutor	tesis
autor	naranjas	colegio
espalda	bicicletas	gafas
ciudad	problemas	canción
propina	salud	sistemas

4. Póngase EL, LA, LOS o LAS en las siguientes frases

1. El bar está en ...... esquina.
2. ...... tren sale a ...... ocho.
3. ¿Tienes ya ...... coche nuevo?
4. ...... calles del centro de Madrid son muy estrechas.
5. Hay un cuadro en ...... pared de mi cuarto.
6. No me gustan ...... bromas.
7. ...... juventud no es una edad, es una enfermedad.
8. ...... hojas de ...... árboles se caen en ...... otoño.
9. Me lavo ...... dientes con un cepillo.
10. Durante ...... Semana Santa hay muchas procesiones en España.

5. Adjetivos de colores. Conteste a las siguientes preguntas

1. ¿De qué color es la nieve?
2. ¿De qué color es el cielo?
3. ¿De qué color es la sangre?
4. ¿De qué color es la hierba?
5. ¿De qué color son los toros bravos normalmente?
6. ¿De qué color son las hojas de los árboles en otoño?
7. ¿De qué color son las nubes?

6. Ponga el artículo determinado, masculino o femenino, delante de las siguientes palabras

clima
idioma
acción
telegrama
amistad
tema
cigüeña
nieve
drama
legumbres
poder
día
mapa
planeta
programa
poema

7. Ponga el artículo determinado, masculino o femenino, delante de las siguientes palabras, y añada la terminación correcta al adjetivo, cuando no la tenga.

agua salad......
águila alpin......
amante cariños......
hada madrin......
habla popular
hacha nuev......
harina blanc......
ama viej......
ancla oxidad......
aula pequeñ......

8. Forme el plural de las siguientes frases

1. Dice que la mujer sueca es muy guapa.
2. El caballo de mi tío era muy rápido.
3. El sábado no trabajo.
4. Este chico parece inteligente.
5. En ese balcón hay muchas flores.
6. Llevo un papel en la cartera.

7. Oí una voz terrible.
8. El cura está en la iglesia.
9. El reloj está parado.
10. El amigo de mi hermano es comunista.

9. Ponga AL o DEL en las siguientes frases

1. Francia está ...... norte de España.
2. El agua ...... mar no es potable.
3. Voy ...... cine todos los fines de semana.
4. El abrigo ...... muchacho era gris.
5. Me habló ...... libro que había escrito.
6. Recibió la noticia ...... día siguiente.
7. Tenemos que tratar ...... problema de la juventud.
8. He dejado mi coche ...... lado ...... tuyo.
9. Vengo ...... dentista.
10. Los hombres ...... sur son morenos.

10. Rellene los puntos con la palabra que exija el contexto

1. El Vesubio es un ......
2. París es una ......
3. El Mississipi es un ......
4. Alemania es un ......
5. El Everest es una ......
6. El Atlántico es un ......
7. El Mediterráneo es un ......
8. Cuba es una ......
9. El Titicaca es un ......
10. Madrid está en el centro de la ...... castellana.
11. El Sahara es un ......
12. El Golden Gate es un ...... que cruza la ...... de San Francisco.
13. España y África están separadas por el ...... de Gibraltar.
14. El ...... de Suez está en Egipto.
15. España y Portugal forman la ...... ibérica.
16. África es un ......
17. Hamburgo es un ...... muy importante.

11. Diga el masculino de las palabras en cursiva

1. Su *madre* murió el año pasado.
2. Su *hermana* se ha casado hace dos meses.
3. *Mamá* está muy *enferma.*
4. *La protagonista* de la película moría al final.
5. Mi *nuera* es de Guadalajara.
6. *Esa actriz* es muy *conocida.*
7. En el piso de al lado vive *una modista.*
8. En España todavía hay *pocas periodistas.*
9. Había *una joven* tomando café.
10. *La marquesa* fue muy amable con nosotros.

12. Pónganse los siguientes verbos en la tercera persona del presente de indicativo

Hablar	Preguntar
Responder	Escribir
Vivir	Enseñar
Estudiar	Comer
Abrir	Llamar

13. Escríbase el acento sobre la vocal adecuada

medico	Perez
leccion	papa
sofa	lapiz
boton	arbol
pajaro	despues
jardin	detras

America
util
cientifico
balcon

angel
excursion
caracter
apostol

14. Deletree las siguientes palabras y haga la separación silábica

abrir
muy
vino
garaje
fino
éxito
salsa

hola
caza
pan
bodega
kilo
wáter
horror

ayer
bien
Jaime
querer
niño
pollo

15. Díganse los adverbios de significación contraria a las siguientes y haga una frase con cada uno de ellos

arriba
cerca
bien
detrás
antes
siempre

dentro
despacio
aquí
encima
pronto
mucho

16. Ejercicio sobre SER y ESTAR. Conteste a las siguientes preguntas repitiendo el verbo en la persona correspondiente

1. ¿Qué es Vd.?
2. ¿Cómo estás?
3. ¿Dónde está tu hermano?
4. ¿Cuándo es su cumpleaños?
5. ¿Qué día es hoy?
6. ¿De dónde sois vosotros?
7. ¿Estáis vosotros aquí?
8. ¿Quién está al lado de la ventana?
9. ¿Cómo es la clase?
10. ¿Están Vds. bien?

17. Dígase el femenino de las siguientes palabras

hombre	padre	caballo
yerno	sastre	toro
rey	actor	poeta
príncipe	padrino	varón
duque	conde	marqués
emperador	alcalde	héroe

18. Conteste a las siguientes preguntas repitiendo el verbo en la persona correspondiente

1. ¿Canta Vd. bien?:
2. ¿Qué miráis vosotros?:
3. ¿A quién esperas?:
4. ¿Dónde viven Vds.?:

5. ¿Qué compran ellos?:
6. ¿Cuándo trabajan Vds.?:
7. ¿Quién limpia la casa?:
8. ¿Cómo viaja Vd.?:
9. ¿A qué hora cenan los españoles?:
10. ¿Lee Vd. mucho?:

19. Ponga la terminación correcta a los adjetivos que aparecen en las siguientes frases

1. Los gatos tienen la piel suav......
2. El metro iba llen......
3. Llevaba siempre chaquetas azul......
4. Esos pobr...... hombres están cieg......
5. Esa chica tiene un aspecto muy trist......
6. La sopa ya está frí......
7. Es un escritor muy célebr......
8. Era una persona muy cult......
9. Hay cosas que son imposibl......
10. El colchón de mi cama está muy bland......
11. Las nuev...... lavadoras son muy práctic......
12. Esta casa tiene agua calient......
13. Estas sábanas no están limpi......
14. Era una mujer muy sensibl......
15. Esa idea no es nada sensat......

20. Conteste a las siguientes preguntas

1. ¿Cuáles son los días de la semana?
2. ¿En qué estación del año salen las flores?
3. ¿En qué estación del año hace más calor?
4. ¿En qué estación del año hace más frío?
5. ¿En qué estación del año se caen las hojas de los árboles?
6. ¿Cuál es el mes más corto del año?
7. ¿En qué mes (o meses) caen las vacaciones de Semana Santa?
8. ¿En qué mes (o meses) caen las vacaciones de verano?
9. ¿En qué mes (o meses) caen las vacaciones de Navidad?
10. ¿En qué mes empiezan y terminan las clases en las escuelas de su país?
11. ¿Qué mes viene antes de abril?
12. ¿Qué mes viene después de octubre?

Apuntes de clase

21. Repita la estructura de la frase modelo (¿«Cuándo trabaja Pedro»?) con los siguientes verbos

Llegar	Comer
Estudiar	Subir
Acabar	Leer

22. Úsese la forma HAY o ESTÁ-N en las siguientes frases

1. ¿Cuántas faltas ...... en este dictado?
2. ¿Dónde ...... un cenicero?
3. ¿Dónde ...... los servicios?
4. No ...... nadie aquí.
5. ¿Qué ...... en ese cajón?
6. Allí ...... el tocadiscos.
7. Aquí ...... muchas sillas.
8. ¿Dónde ...... la calle Princesa?
9. ¿En qué época ...... fresas?
10. ¿...... alguna pregunta?

23. Diga el plural de las siguientes palabras

buey	andaluz
marroquí	reloj
café	orden
gas	drama
cruz	ley
rubí	lunes
paraguas	libertad
viernes	martes

24. Escríbase el acento sobre la vocal adecuada

tenia
policia
dia
escribis
bahia
esceptico
naufrago
huerfano
democrata
grua
cantais
rio
ordenes
tendreis
deficit
raices
todavia
huesped
republica
cuenteselo

25. Díganse los adjetivos de significación contraria a los siguientes

1. La catedral es *bonita.*
2. La calle es *estrecha.*
3. Estoy *triste.*
4. La falda es muy *corta.*
5. La pared es *blanca.*
6. Ese hombre es *joven.*
7. La película es *divertida.*
8. La casa está *limpia.*
9. Tiene unos pies *pequeños.*
10. Ese chico es muy *alto.*

Apuntes de clase

unidad 6

26. Termine las siguientes frases repitiendo el verbo en forma negativa

1. Yo trabajo, pero tú ......
2. Ella toca el piano, pero yo ......
3. Nosotros contestamos la pregunta, pero vosotros ......
4. Tu hermano paga la cuenta, pero tus amigos ......
5. Él desayuna muy temprano, pero nosotros ......
6. El anciano baja las escaleras muy despacio, pero ellos ...... despacio.
7. Los padres sufren por sus hijos, pero los hijos ...... por sus padres.
8. Tu hermanito rompe todo, pero yo ...... nada.
9. La criada limpia la casa, pero yo ...... mi cuarto.
10. Las mujeres barren, pero los hombres ......

27. Ejercicio sobre SER y ESTAR. Rellene los puntos con la forma correcta del presente de uno u otro verbo, según convenga

1. Nosotros ...... en la clase.
2. Hoy ...... domingo.
3. Enrique ...... protestante.
4. ¿Dónde ...... su abrigo?
5. Vosotros ...... ingleses.
6. El niño ...... dormido.
7. Mi tío ...... abogado.
8. Tú ...... de Granada.
9. Yo ...... contento.
10. Vosotras ...... inteligentes.

28. Elija el artículo que pida el sentido de la frase, considerando que cambian de significado según el género

1. (el - la) cólera es una enfermedad endémica.
2. María tiene un lunar en (el - la) frente.
3. Había (un - una) cura en la estación.
4. Londres es (el - la) capital de Inglaterra.
5. En el piso de al lado vive (un - una) policía.
6. (el - la) cólera es un pecado capital.
7. Hubo muchas bajas en (el - la) frente.
8. Le hicieron (un - una) cura de urgencia.
9. Esta compañía tiene (un - una) capital de 200 millones de pesetas.
10. (el - la) policía es una organización del Estado.

29. Ponga la terminación correcta a los adjetivos que aparecen en las siguientes frases

1. Las camisas eran blanc......
2. Las hojas de los árboles son verd......
3. Me gustan los tipos simpátic......
4. La máquina de escribir estaba estropead......
5. Tenía los pantalones rot......
6. Sancho Panza era gord...... y baj......
7. Las bailarinas suelen ser delgad...... y ágil......
8. Aquella mujer era muy groser......
9. ¿Por qué están esas chicas tan content...... hoy?
10. Yo fumo tabaco negr......
11. Tenía el pelo rubi......
12. Ahora se lleva la falda cort......
13. Estos asientos son incómod......
14. Estas naranjas no están muy dulc......
15. Tus hermanos son unos vag......

30. Señale sobre su cuerpo las siguientes partes

corazón	rodilla
hombro	tobillo
cintura	codo
riñones	muñeca
muslo	mejilla
cuello	cejas
pestañas	frente
pelo	uña

31. Úsese la forma correcta del presente

1. Yo — ir — a la universidad.
2. Mi madre — cocinar — muy bien.
3. Sus tíos — venir — mañana.
4. Nosotros — saludar — al profesor.
5. Yo no — hacer — los ejercicios.
6. Este cuchillo — cortar — muy mal.
7. Yo — poner — la mesa.
8. Juan — sacar —las entradas.
9. Esta palabra no — venir — en mi diccionario.
10. Tú — ir — de excursión.

32. Rellene los puntos con la forma del demostrativo adecuada

A) *Este -a -os -as.* Frase modelo: *Aquí* hay un chico; *este* chico se llama Juan.

1. Aquí hay cigarrillos; ...... cigarrillos son rubios.
2. Aquí hay una botella; ...... botella está vacía.
3. Aquí hay un soldado; ...... soldado lleva uniforme.
4. Aquí hay unas camisas; ...... camisas son blancas.
5. Aquí hay una cartera; ...... cartera es de piel.

B) *Ese -a -os -as.* Frase modelo: *Ahí* hay un señor; *ese* señor es maestro.

1. Ahí hay unos jardines; ...... jardines son particulares.
2. Ahí hay una tienda; ...... tienda está abierta.
3. Ahí hay unas llaves; ...... llaves son del coche.
4. Allí hay un guardia; ...... guardia tiene una pistola.
5. Ahí hay una cama; ...... cama es muy cómoda.

C) *Aquel -lla -llos -llas.* Frase modelo: *Allí* hay un teatro; *aquel* teatro es muy antiguo.

1. Allí hay un castillo; ...... castillo está en una montaña.
2. Allí hay unas piedras; ...... piedras son grandes.
3. Allí hay unos árboles; ...... árboles son pinos.
4. Allí hay una fuente; ...... fuente está seca.
5. Allí hay unos perros; ...... perros están ladrando.

33. Elija el artículo que pida el sentido de la frase, considerando que la significación de estas palabras cambia según el género

1. El capitán dio (un - una) orden a los soldados.
2. Al llegar me compré (un - una) guía de la ciudad.
3. Los niños jugaban con (el - la) cometa.
4. Había un chalet en (el - la) margen derecha del río.
5. Se hizo (un - una) corte en la mano con el cuchillo.
6. (el - la) orden público es un tema constante de conversación.
7. Nos acompañó (un - una) guía por el Museo del Prado.
8. (los - las) cometas son cuerpos celestes.
9. ¡Dejen Vds. (un - una) margen a ambos lados de la página!
10. El rey Felipe II estableció (el - la) corte en Madrid.

34. Pronombres personales sujeto. Rellene los puntos con la forma adecuada. En algunos casos hay varias posibilidades

1. ...... corréis.
2. ...... terminamos.
3. ...... tocaste.
4. ...... recibían.
5. ...... beberé.
6. ...... llegaría.
7. ...... estudiábamos.
8. ...... tuvisteis.
9. ...... os marchasteis.
10. ...... me lavé.

35. Conteste a las siguientes preguntas

1. ¿Qué parte del cuerpo sirve para ver?
2. ¿Qué parte del cuerpo sirve para oír?
3. ¿Qué parte del cuerpo sirve para comer?
4. ¿Qué parte del cuerpo sirve para oler?
5. ¿Qué parte del cuerpo sirve para tocar y coger las cosas?
6. ¿Qué parte del cuerpo sirve para andar?
7. ¿Qué parte del cuerpo sirve para morder?
8. ¿Qué parte se mueve dentro de la boca cuando hablamos?
9. ¿Con qué escribimos a máquina?
10. ¿Con qué parte del cuerpo jugamos al fútbol?

unidad 8

36. Haga una pregunta en presente con cada uno de los siguientes verbos y dé también una contestación empleando el mismo verbo

Limpiar	Llegar
Terminar	Meter
Recibir	Tomar
Dejar	Correr
Descubrir	Acabar

37. Termine las siguientes frases poniendo el infinitivo en la forma correcta del presente de indicativo

1. Tu amigo (esperar) ......
2. Estos señores (andar) ......
3. El niño (hablar) ......
4. ¿(Ver) Vosotros ......
5. Nosotros (lavar) ......
6. Los padres (educar) ......
7. El profesor (enseñar) ......
8. Esa chica (preguntar) ......
9. Tú no (responder) ......
10. Vosotros (subir) ......

38. Pónganse en plural las siguientes frases

1. Yo estudio mucho.
2. Él vivió aquí.
3. Ella merienda a las seis.
4. ¿Cuántos años ha cumplido Vd.?
5. Tú alquilaste un apartamento.

6. Él vendrá en seguida.
7. Yo fui al mercado.
8. Ella estuvo aquí esta mañana.
9. Vd. sacará las entradas.
10. Tú no tienes razón.

39. Elíjase el adjetivo de la lista de la derecha que pida el sentido de la frase en cada caso

1.	Las calles de Toledo son muy	natural
2.	Cuando llueve, las nubes son	gris
3.	El boxeo para muchos es un deporte	sencillo
4.	Los zumos ...... son más sabrosos que los de bote.	cruel
5.	Este problema es muy	estrecho

40. Dígase el nombre del que trabaja en los siguientes establecimientos

panadería	zapatería
lechería	farmacia
carnicería	joyería
pescadería	churrería
tienda	frutería

unidad 9

41. Rellene los espacios en blanco con la forma correcta del presente de los verbos entre paréntesis

1. Las clases (comenzar) ...... a las nueve.
2. Nosotros no (entender) ...... esa pregunta.
3. Yo lo (contar) ...... todo.
4. Vosotros nunca (encontrar) ...... entradas para el cine.
5. Él (pensar) ...... mucho.
6. ¿(Entender) ...... Vd. esto?
7. Yo no (encontrar) ...... la cartera.
8. Él (mover) ...... las piernas para andar.
9. Ellos (cerrar) ...... las ventanas.
10. ¿Cuánto (costar) ...... esto?

42. Rellene los espacios en blanco con la forma correcta del presente de los verbos entre paréntesis

1. Ella nunca (probar) ...... las patatas fritas.
2. (Yo) lo (sentir) ...... mucho.
3. Ellos (soler) ...... comer aquí los domingos.
4. Nosotros (dormir) ...... siete horas.
5. Él (jugar) ...... al baloncesto.
6. Tú no (mentir) ...... nunca.
7. ¿(Dormir) ...... Vd. bien?
8. Todos los días (morir) ...... mucha gente en el mundo.
9. Yo no (conocer) ...... Marruecos.
10. Yo no (traer) ...... dinero hoy.

43. Ejercicio sobre SER y ESTAR. Rellene los puntos con la forma correcta del presente de uno u otro verbo, según convenga

1. ¿Qué hora ......?
2. Madrid ...... la capital de España.
3. Pepe no ...... con ellos.
4. Jesús ya no ...... amigo mío.
5. Aquí ...... donde vivo.
6. Este café ...... frío.
7. La fiesta ...... en mi casa.
8. Rafael ya ...... mejor.
9. Ahora (yo) ...... bien.
10. La boda ...... el lunes próximo.

44. Conteste a las siguientes preguntas repitiendo la forma en cursiva y una de las palabras de la columna de la derecha

1.	¿Qué es *esto?*	redondo
2.	¿Cómo es *eso?*	un libro
3.	¿Dónde está *eso?*	ahí
4.	¿Qué es *aquello* que hay allí?	una radio
5.	¿Cuándo ocurrió *eso?*	diez pesetas
6.	¿Qué es *esto* que está aquí?	azul
7.	¿Cuánto vale *eso?*	ayer
8.	¿De qué color es *aquello?*	una carta
9.	¿Qué es *eso* que está ahí?	dos duros
10.	¿Cuánto es *esto?*	un reloj

45. Escríbase el acento sobre las palabras en cursiva que lo necesiten

1. Ya no quiero *mas.*
2. *Si* no lo veo, no lo creo.
3. Ya he recibido *tu* cheque.
4. Prefiero el *te* al café.
5. No me gusta discutir con *el.*
6. *Si,* señor, tiene Vd. mucha razón.
7. Se lo pregunté, *mas* no lo sabía.
8. *Tu* no fuiste a verle, ¿verdad?
9. *Te* aconsejo que *te* cuides.
10. *El* río no llevaba agua.

46. Conteste a las siguientes preguntas

1. ¿Cómo se llama el árbol que da peras?
2. ¿Cómo se llama el árbol que da manzanas?
3. ¿Cómo se llama el árbol que da naranjas?
4. ¿Cómo se llama el árbol que da cerezas?
5. ¿Cómo se llama el árbol que da limones?
6. ¿Cómo se llama el árbol que da plátanos?
7. ¿Cómo se llama la planta que da uvas?
8. ¿Cómo se llama la planta que da rosas?

Apuntes de clase

47. Rellene los espacios en blanco con la forma correcta del presente de los verbos entre paréntesis

1. Yo (obedecer) ...... las leyes.
2. Yo no (conducir) ...... bien.
3. Yo (agradecer) ...... mucho su visita.
4. Yo (traducir) ...... del inglés al español.
5. Él nunca (pedir) ...... favores.
6. Los ladrones (huir) ...... de la policía.
7. Yo todavía (seguir) ...... en la Universidad.
8. ¿Quién (construir) ...... este edificio?
9. Él (repetir) ...... siempre la misma pregunta.
10. ¿Cuánto (medir) ...... Vd.?

48. Haga una pregunta en presente con cada uno de los siguientes verbos irregulares, usando distintas personas, y conteste empleando el mismo verbo

querer	decir	poder
traer	saber	poner
hacer	tener	ir
salir	dar	oír
caer	valer	reír

*49. Transforme las siguientes frases según el modelo

Esta señorita es secretaria - *La señorita esta* es secretaria

1. *Ese tipo* sabe hablar francés:
2. *Aquellos periódicos* eran de la semana pasada:
3. *Esta bebida* es muy fuerte:
4. *Esos sobres* están cerrados:

5. *Aquella caja* estaba rota:
6. *Estos sombreros* están de moda:
7. *Esa guitarra* es andaluza:
8. *Aquel autobús* va muy lleno:
9. *Este asunto* no me gusta:
10. ¿Te acuerdas de *aquella noche?*

50. Rellene los puntos con la forma adecuada del adjetivo entre paréntesis

1. Hace muy (bueno) ...... día.
2. Velázquez es un (grande) ...... pintor.
3. Creo que es una (bueno) ...... ocasión.
4. Hizo muy (malo) ...... tiempo ayer.
5. (Santo) ...... Isidro es el patrón de Madrid.
6. La gente suele comprar en los (grande) ...... almacenes.
7. Hay que tener cuidado con las (mala) ...... compañías.
8. El Escorial es una (grande) ...... obra de arquitectura.
9. (Santo) ...... Teresa fue muy (bueno) ...... escritora.
10. He tenido (malo) ...... suerte con ese coche.

51. Dígase el nombre de los habitantes de los siguientes países

Alemania	Hungría
Inglaterra	Estados Unidos
China	Francia
Italia	Rusia
Suiza	Suecia
Portugal	Holanda
Bélgica	Irlanda
Grecia	Polonia

unidad 11

52. Escriba la forma correcta del presente de los verbos entre paréntesis

1. Yo (coger) ...... el autobús todas las mañanas.
2. Yo (elegir) ...... este color.
3. Yo (parecer) ...... un inglés con este sombrero.
4. Ella (devolver) ...... las localidades.
5. Yo (escoger) ...... el camino más corto.
6. Tú (soñar) ...... todas las noches.
7. Él (demostrar) ...... que sabe la lección.
8. Ellos se (despertar) ...... muy temprano.
9. Ya (empezar) ...... a salir el sol.
10. Yo (recoger) ...... la basura por las mañanas.

53. Ejercicio sobre SER y ESTAR. Ponga la forma adecuada de uno u otro verbo

1. ¡No hables con él! Hoy (él) no ...... de buen humor.
2. Cuando (nosotros) ...... estudiantes, ... muy alegres.
3. Todavía (yo) no ...... preparado para el examen.
4. Ese señor, que antes ...... católico, ahora ...... budista.
5. Antes de ir a América (él) ...... profesor.
6. (Yo) ...... muy orgulloso de ti.
7. No vive en Madrid; sólo ...... de paso.
8. La mesa ...... de madera.
9. ¿Cuánto ...... esto?
10. La luz ...... apagada.

54. Observe la frase modelo y rellene los espacios en blanco con una forma adecuada del demostrativo

Este coche es nuevo, pero «ésos» son viejos

1. Este paquete pesa mucho, pero ...... pesan poco.
2. Esos bolígrafos escriben mal, pero ...... escribe bien.
3. Aquel río es estrecho, pero ...... son anchos.
4. Estas faldas son cortas, pero ...... es larga.
5. Ese alumno sabe mucho, pero ...... no saben nada.
6. Aquella ventana está abierta, pero ...... están cerradas.
7. Esa luz estaba apagada ayer, pero ...... estaban encendidas.
8. Aquella película era entretenida, pero ...... eran divertidas.
9. Esta naranja es dulce, pero ...... son agrias.
10. Esas niñas estaban tristes, pero ...... estaban contentas.

55. Ponga la forma correcta del adjetivo entre paréntesis

1. ¿No has tenido miedo en (alguno) ...... momento?
2. Se compró un televisor muy (bueno) ......
3. La mayor parte de las procesiones salen el Viernes (Santo) ......
4. No llovió (ninguno) ...... día.
5. Vivía en un piso muy (grande) ......
6. (Cualquiera) ...... día iré a visitarte.
7. (Santo) ...... Tomás es el padre de la Escolástica.
8. (Alguno) ...... vez iré a América.
9. No me dio (ninguno) ...... solución.
10. La isla de (Santo) ...... Domingo está en las Antillas.
11. Le compraré un regalo (cualquiera) ......

56. Díganse los sustantivos de significación contraria a los siguientes

verdad	juventud
techo	salida
interior	luz
final	tierra
líquido	amigo
nativo	odio

Apuntes de clase

unidad 12

57. Escriba la forma correcta del pretérito imperfecto de los verbos entre paréntesis

1. El niño (tirar) ...... una piedra.
2. Aquellos alumnos (suspender) ...... siempre.
3. Nosotros (ir) ...... a la piscina.
4. El general (mandar) ...... a sus tropas.
5. Vosotros (recoger) ...... los papeles.
6. La policía (perseguir) ...... al criminal.
7. La señora (engordar) ...... mucho.
8. Los pájaros (mover) ...... las alas.
9. El camarero (servir) ...... a los clientes.
10. El avión (volar) ...... a mucha velocidad.

58. Ejercicio sobre SER y ESTAR. Ponga la forma correcta del pretérito imperfecto de indicativo, según el modelo

Yo era estudiante
Tú ......
Vd. ......
Él ......
Ella ......
Nosotros(-as) ......
Vosotros(-as) ......
Vds. ......
Ellos (ellas) ......

Yo estaba en Valencia
Tú ......
Vd. ......
Él ......
Ella ......
Nosotros(-as) ......
Vosotros(-as) ......
Vds. ......
Ellos (ellas) ......

59. Colóquense los posesivos en las siguientes frases

1.ª persona singular:

1. ...... padre es médico.
2. ...... amigas estudian español.
3. ...... ventana da a la calle.
4. Aquí están ...... libros.

2.ª persona singular:

1. ...... jardín tiene muchas flores.
2. He visto a ...... tíos.
3. ¿Es ésta ...... cama?
4. Ahí tienes ...... cosas.

3.ª persona singular:

1. ...... coche está en el garaje.
2. ...... máquina de escribir no funciona.
3. Hoy no cena con ...... padres.
4. No me gustan ...... bromas.

1.ª persona plural:

1. ...... ideas son distintas.
2. Ahí viene ...... jefe.
3. ...... negocios van mal.
4. ¿Es ésta ...... comida?

2.ª persona plural:

1. ...... hijos son muy simpáticos.
2. Ya tengo ...... dirección.
3. ...... maletas están abiertas.
4. ¿Cuál es ...... cuarto?

3.ª persona plural:

1. ...... cuñado vino a verme.
2. Nos recibieron en ...... oficina.
3. Nos hablaron de ...... problemas.
4. Perdieron ...... bolsas.

Vd., Vds.:

1. «¿Me da Vd. ...... teléfono, por favor?»
2. «Vengan Vds. con ...... cuadernos mañana».
3. «¿Cómo está ...... esposa?»
4. «¿Me ha dado Vd. ...... señas?».

60. Léanse los siguientes números

1, 10, 13, 17, 5, 23, 71, 8, 55, 14, 39, 7, 101, 46, 60, 82, 98, 6, 11, 213, 500, 770, 925, 676, 48, 107, 1025, 6810, 5555, 3405, 2001.

61. Dígase el nombre de los que se dedican a las siguientes actividades

Medicina
Leyes (Derecho)
Enseñanza
Física
Química
Ingeniería
Política
Diplomacia
Arte

Escultura
Pintura
Arquitectura
Decoración
Música
Dibujo
Piano
Poesía
Literatura

Apuntes de clase

62. Diga la 1.ª y 3.ª personas del singular del pretérito indefinido de los siguientes verbos

pasar	ir	parar
venir	reservar	hacer
encargar	poner	decidir
querer	meter	sacar
poder	colocar	reír
recibir	saber	beber

63. Escriba la forma correcta del pretérito indefinido de los verbos entre paréntesis

1. Ella (traer) ...... las maletas.
2. Él no (dormir) ...... en casa.
3. Ayer (yo) (jugar) ...... al dominó.
4. Ellos (mentir) ......
5. Su marido (morir) el mes pasado.
6. Él (conducir) ...... un camión.
7. Ellos (pedir) ...... la cuenta.
8. Ellas (huir) ...... de mí.
9. Ella (seguir) ...... las instrucciones.
10. Este ingeniero (construir) ...... el puente.

64. Ejercicio sobre SER y ESTAR. Rellene los puntos con la forma correcta del pretérito imperfecto de uno u otro verbo, según convenga

1. La niña ...... jugando.
2. Los coches ...... en el garaje.
3. (Nosotros) ...... cinco.
4. ...... necesario trabajar más.

5. La obra de teatro ...... muy mala.
6. Los exámenes ...... muy bien.
7. Pío Baroja ...... novelista.
8. Vosotros ...... muy cerca.
9. La comida ...... en el restaurante Valentín.
10. ...... las siete en punto.

65. Posesivos. Complétense las siguientes frases

1. Éstos son *mis* guantes — estos guantes son ......
2. Ése es *su* postre — ese postre es ......
3. Aquéllas son *vuestras* patatas fritas — aquellas patatas fritas son ......
4. Éstos son *tus* calcetines — estos calcetines son ......
5. Ésa es *mi* cuchara — esa cuchara es ......
6. Éstas son *tus* corbatas — estas corbatas son ......
7. Aquéllas son *sus* zapatillas — aquellas zapatillas son ......
8. Éste es *nuestro* apartamento — este apartamento es ......
9. Ésa es *vuestra* librería — esa librería es ......
10. Éstos son nuestros vasos — estos vasos son ......

66. Elija de la columna de la derecha el adjetivo que pida el sentido de la frase en cada caso

1.	No emplee Vd. esa expresión porque se considera muy	débil
2.	Las bebidas en España no son	vulgar
3.	Después de mi enfermedad, me sentía muy	caro
4.	Los temas del examen fueron	fácil
5.	Las encerraron en un manicomio porque estaban	loco

67. Díganse los sustantivos abstractos correspondientes a los siguientes adjetivos

bueno	pobre
rico	blanco
oscuro	viejo
joven	niño
amigo	ausente
presente	relativo
malo	enfermo
alto	tonto
alegre	loco

unidad 14

68. Diga la 1.ª y 3.ª personas del singular del pretérito indefinido de los siguientes verbos

suspender	oír	permanecer
salir	andar	tener
estar	ser	respetar
caer	invitar	caber
dar	arreglar	partir

69. Diga la forma correcta del pretérito indefinido de los verbos que aparecen en las siguientes frases

1. El patrón — despedir — al empleado.
2. El profesor — corregir — los ejercicios.
3. Ellos — sentir — mucho mi desgracia.
4. Yo — traducir — este libro.
5. El fuego — destruir — la casa.
6. Ellas — conseguir — el premio.
7. Ella — vestirse — en seguida.
8. Tu amigo — preferir — quedarse en casa.
9. La bomba — producir — grandes daños.
10. Ellos — repetir — la pregunta.

70. Ejercicio sobre SER y ESTAR. Ponga la forma correcta del pretérito indefinido, según el modelo

Yo fui futbolista	Yo estuve en Alemania
Tú	Tú ......
Vd.	Vd. ......
Él (ella)	Él (ella) ......

Nosotros(-as)	Nosotros(-as) ......
Vosotros(-as)	Vosotros(-as) ......
Vds.	Vds. ......
Ellos (ellas)	Ellos (ellas) ......

71. Posesivos. Según la frase modelo, complétense las siguientes

Ésta es mi casa — esta casa es mía

1. Aquéllos son *tus* zapatos — aquellos zapatos son ......
2. Ése es *su* gato — ese gato es ......
3. Éste es *mi* abrigo — este abrigo es ......
4. Ése es tu peine — ese peine es ......
5. Éste es vuestro portal — este portal es ......
6. Aquélla es *su* blusa — aquella blusa es ......
7. Ésta es *nuestra* finca — esta finca es ......
8. Ésas son *sus* medias — esas medias son ......
9. Éstos son *vuestros* apuntes — estos apuntes son ......
10. Aquélla es *tu* maleta — aquella maleta es ......

72. Dígase el nombre de los habitantes de los siguientes países

Japón	Egipto
India	Marruecos
Israel	Escocia
Méjico	Argentina
Cuba	Canadá
Australia	Chile
Perú	Venezuela
Colombia	Uruguay
Puerto Rico	Brasil

Apuntes de clase

unidad 15

73. Úsense las formas impersonales del verbo HABER («hay, había, hubo», etc.) en las siguientes frases

1. En este momento ...... mucha gente aquí.
2. La semana que viene ...... un concierto muy bueno.
3. El fin de semana pasado ...... muchos accidentes de carretera.
4. Cuando salí de casa para el teatro, ... mucha circulación.
5. En aquella esquina ...... un puesto de periódicos.
6. ¿No ...... aquí antes una tasca?
7. En la próxima runión ...... unas cincuenta personas.
8. Me dijo que mañana ...... un partido de fútbol.
9. Comentó que al día siguiente ...... una huelga.
10. Abajo ...... un señor que pregunta por Vd.

74. Rellene los puntos con la forma y tiempo adecuados de los verbos HABER QUE o TENER QUE

1. Ayer (yo) ...... llegar a casa temprano.
2. ...... tratar de solucionar este asunto.
3. Esta mañana (nosotros) ...... ir al banco.
4. En los años de la posguerra ...... trabajar mucho para poder vivir.
5. ¿Qué (nosotros) ...... hacer?
6. En un futuro próximo, ... dejar el coche en casa.
7. En aquel momento, (ellos) no ...... hacer.
8. Entonces, ... salir a toda prisa.

75. Posesivos. Rellene los espacios en blanco según la frase modelo

Yo vivo en *mi casa* — Él vive en *la suya*
Yo vivo en ......
Tú vives en ......
Él vive en ......
Ella vive en ......
Vd. vive en ......
Nosotros vivimos en ......
Vosotros vivís en ......
Vds. viven en ......
Ellos viven en ......
Ellas viven en ......

76. Elija de la columna de la derecha el adjetivo que pida el sentido de la frase en cada caso

1. Mis hijas nunca han tenido enfermedades; están muy ......
2. El cantar bien es muy ......
3. Desde que se casaron viven ......
4. Los impermeables son ...... para la lluvia.
5. Estas butacas son muy ......

útil
difícil
cómodo
feliz
sano

77. Rellene los puntos con el nombre de parentesco adecuado

1. Los padres de mi madre son mis ......
2. La hermana y el hermano de mi padre son mis ......
3. La mujer de mi hermano es mi ......
4. Los hijos de mi hermana son mis ......
5. El hijo de mi tía es mi ......
6. Los padres de mi marido son mis ......
7. El marido de mi hija es mi ......
8. La esposa de mi hijo es mi ......
9. La madre de mi abuelo es mi ......
10. Mi hijo de bautismo es mi ......
11. Mi padre de bautismo es mi ......
12. Mi madre de bautismo es mi ......
13. Mis primos, tíos, cuñados, etc., son mis ......
14. El hombre cuya esposa ha muerto es ......

78. Ejercicio sobre SER y ESTAR. Rellene los puntos con la forma correcta del pretérito indefinido de uno u otro verbo, según convenga

1. Tus amigos ...... dos días en casa.
2. Sus abuelos ...... muy felices en su matrimonio.
3. De joven, (él) ...... capitán de barco.
4. Ayer (nosotros) ...... viendo el combate de boxeo.
5. ...... imposible ir allí.
6. El mes pasado, (vosotros) ...... de vacaciones.
7. El accidente ...... horrible.
8. Los premios ...... para ellos.
9. (tú) ...... sentado más de dos horas.
10. Colón ...... el descubridor de América.

*79. Uso posesivo del artículo. Llene los espacios en blanco con el artículo determinado adecuado

1. Me duelen ...... muelas.
2. Me hacen daño ...... zapatos.
3. ¿Le duele a Vd. ...... cabeza?
4. Se rompió ...... pierna derecha.
5. Se cortó ...... el pelo.
6. Pedro se puso ...... chaqueta.
7. Llevas ...... pantalones rotos.
8. Tengo que lavarme ...... dientes.
9. Perdí ...... cartera en el metro.
10. Tengo ...... manos frías.

80. Ponga el pronombre personal adecuado en cada caso

1. ...... irá.
2. ...... saldrían.
3. ...... gastáis.
4. ...... dijo.
5. ...... aprendíamos.
6. ...... se peinarían.
7. ...... nos quedamos.
8. ...... subiré.
9. ...... miraba.
10. ...... te levantaste.

81. Elija, de la columna de la derecha, el adjetivo adecuado a cada frase, estableciendo la concordancia debida

1.	Me fío mucho de él porque es muy	fuerte
2.	Sansón era un hombre	generoso
3.	Se nota que esa señora ha recibido una buena educación; es muy	formal
4.	Siempre nos están ayudando; son unas mujeres muy	fino
5.	Los sabios auténticos suelen ser	humilde

82. Conteste a las siguientes preguntas

1. ¿Cómo se llama el que no ve?
2. ¿...... el que no oye?
3. ¿...... el que no puede hablar?
4. ¿...... el que anda con dificultad?
5. ¿...... el que habla con dificultad?
6. ¿...... el que le falta un brazo?
7. ¿...... el que le falta un ojo?
8. ¿...... el que no tiene pelo en la cabeza?
9. ¿...... el que es demasiado bajo?
10. ¿...... el que tiene la vista cruzada?

Apuntes de clase

83. Ponga los infinitivos en la forma adecuada del futuro

1. Tu jefe — explicar — el problema.
2. Tú — faltar — a clase mañana.
3. Él — comer — en el restaurante.
4. Su hermana — vivir — conmigo.
5. Nosotros — enviar — regalos.
6. Ellos — traer — el paquete.
7. Vds. — recibir — 2.000 ptas.
8. Yo — pagar — la cuenta.
9. Vosotras — volver — mañana.
10. Vd. — divertirse — mucho.

84. Escriba la forma adecuada del futuro de los verbos entre paréntesis

1. Tú (poner) ...... la mesa.
2. El tren (salir) ...... a las seis.
3. Nosotros (venir) ...... a verte.
4. Yo (decir) ...... la verdad.
5. Vosotros no (caber) ...... en el coche.
6. El nuevo modelo (valer) ...... mucho.
7. Vds. (tener) ...... poco trabajo.
8. Ellas (saber) ...... hablar español muy pronto.
9. Vosotras (hacer) ...... una excursión.
10. Vd. (querer) ...... venir.
11. Ella no (poder) ...... salir esta tarde.

85. Léanse los ordinales correspondientes a estos números

1, 2, 3, 4, 5, 6, 7, 8, 9, 10, 100.

86. Rellene los puntos con la partícula adecuada

1. Tu amigo no baila tan bien ...... tú.
2. Este chiste es menos gracioso ...... el que me contaste ayer.
3. Las mangas de mi camisa son más cortas ...... las de la tuya.
4. No duermo tanto ...... otras personas.
5. El cielo está más azul ...... ayer.
6. Picasso es ...... moderno que Goya.
7. Este camino no es ...... corto como aquél.
8. Este espectáculo no me gusta; es ...... divertido que el que vimos la semana pasada.
9. Este niño es mucho más listo ...... sus hermanos.
10. En el sur de España llueve bastante ...... que en el norte.

87. Dígase el nombre de los que se dedican a los siguientes oficios

1. El que hace la comida en restaurantes.
2. El que arregla coches.
3. El que arregla la instalación eléctrica.
4. El que apaga el fuego.
5. El que limpia las calles.
6. El que nos sirve en bares y restaurantes.
7. El que arregla la instalación del agua.
8. La mujer que trabaja por horas en las casas.
9. El que trabaja en la construcción de casas.
10. El que trabaja con madera.
11. El que hace trajes para hombres.
12. La que hace vestidos.
13. El que trabaja en la agricultura.
14. El que trabaja en fábricas.
15. El que limpia los zapatos.

Apuntes de clase

unidad 18

88. Ponga el infinitivo de las siguientes frases en la forma correcta del condicional simple

1. Yo — tomar — un café.
2. Ellos — dar — una conferencia.
3. Vosotros — obedecer — las órdenes.
4. Vd. — vivir — en Méjico.
5. Él — meter — dinero en el Banco.
6. Vds. — conservar — los cuadros.
7. Tú — pedir — un favor.
8. Vd. — ver — el accidente.
9. Ella — deber — ser mejor.

89. Ponga el infinitivo de las siguientes frases en la forma adecuada del condicional simple

1. Tú — poder — escribirme.
2. Vd. — querer — a esa mujer.
3. Vosotras — hacer — un viaje.
4. Ellas — saber — la noticia.
5. Vds. — tener — la culpa.
6. Este terreno — valer — poco.
7. Esto no — caber — allí.
8. Yo — decir — muchas cosas.
9. Nosotros — venir — a saludarte.
10. El barco — salir — de Bilbao.
11. Vosotros — poner — buena cara.

90. Ejercicio sobre la hora. Lea las siguientes frases

1. Son las 7,15 de la tarde.
2. Eran las 6,35 de la mañana cuando llegaron.
3. Son las 8,30 de la mañana.
4. El tren sale a las 18,40.
5. El avión llegó a las 12 de la noche.
6. La clase empieza a las 5,45 de la tarde.
7. Salí del cine a las 7,25.
8. Ayer vi a tu hermano a la 1,30 en el centro.
9. Las tiendas cierran a las 7,30 de la tarde.
10. Los museos abren a las 9 de la mañana.

***91. Ponga las partículas QUE o DE en las siguientes frases**

1. Gana más ...... 20.000 ptas. al mes.
2. Estudia más ...... lo que parece.
3. Vd. no tiene más ...... llamar por teléfono.
4. En la reunión había más ...... 20 personas.
5. Todavía tenía mucho más ...... hacer.
6. Le gusta más dormir ...... trabajar.
7. ¿Hay algo más ...... escribir?
8. Llevo esperando más ...... media hora.
9. Yo puedo esperar porque tengo menos prisa ...... Vd.
10. Tengo menos dinero ...... lo que pensaba.

92. Dígase el nombre de los habitantes de las siguientes ciudades y regiones

Madrid	París
Londres	Berlín
Roma	Cataluña
Galicia	Asturias
Andalucía	El País Vasco
Valencia	Extremadura

Apuntes de clase

unidad 19

93. Rellene los puntos con la forma adecuada del presente del verbo HABER

1. (Yo) ya ...... comido.
2. (Nosotros) nunca ...... ido allí.
3. (Vosotros) ...... venido temprano.
4. ¿(Tú) ...... visto a Juan?
5. (Ella) ...... recibido varias cartas.
6. (Vd.) ...... estado en el hospital.
7. (Ellos) no ...... sido buenos.
8. (Vds.) no ...... sabido contestar.
9. (Vosotras) ...... comido mucho.
10. (Él) ...... hecho su examen.

94. Diga el participio pasado de los siguientes verbos, prestando especial atención a los irregulares

salir	romper
coger	escribir
venir	decir
poner	tener
saber	volver
comprar	hacer
abrir	descubrir
ver	cubrir
satisfacer	bailar
morir	resolver
pensar	poner

95. Diga las primeras personas, singular y plural, del pretérito pluscuamperfecto de los siguientes verbos

tener	poner
recibir	estar
cubrir	volver
ver	abrir
hacer	decir

96. Diga las formas de segunda persona (tú y vosotros) del futuro perfecto de los siguientes verbos

descubrir	querer
tomar	leer
romper	poner
escribir	preguntar
resolver	llorar

97. Nombres de animales. Conteste a las siguientes preguntas

1. ¿Qué animales se suelen tener en casa?
2. ¿Qué animal es el rey de la selva?
3. ¿Qué animal da leche?
4. ¿Qué animal da lana?
5. ¿Qué animal tiene el cuello muy largo?
6. ¿Qué animal rebuzna?
7. ¿Qué pájaro puede hablar?
8. ¿Qué animal tiene trompa?
9. ¿Cuál es el mamífero marino más grande?
10. ¿Qué ave trae a los niños de París, según la tradición?
11. ¿Qué ave pone los huevos?
12. ¿Qué pájaro es el más corriente en su país?
13. ¿Qué animal salvaje es como un gato grande?
14. ¿Qué animal se ha utilizado hasta el siglo pasado para tirar de los vehículos?

Apuntes de clase

unidad 20

98. Diga las formas de tercera persona, singular y plural (él - ellos) del condicional compuesto de los siguientes verbos

pasear	volver
conseguir	querer
poner	decir
romper	abrir
ver	descubrir

99. Diga el gerundio de los siguientes verbos

corregir	vivir
dudar	aprender
pedir	traer
ir	tardar
seguir	sentir
construir	conducir
terminar	repetir
conseguir	dormir
querer	leer
mentir	morir
huir	destruir

100. Rellene los puntos con la forma de gerundio de los verbos entre paréntesis

1. Estoy (ver) ...... la televisión.
2. Ella estaba (dormir) ...... cuando entré.
3. Estuvimos (viajar) ...... por el extranjero.
4. Está (leer) ...... una novela policíaca.

5. Estaba (elegir) ...... los muebles.
6. ¿Por qué estás (medir) ...... la habitación?
7. La madre estaba (besar) ...... al niño.
8. El agua está (hervir) ......
9. Estuvieron (comer) ......juntos.
10. Estuvisteis (conducir) ...... toda la noche.

101. Comparativos irregulares. Rellene los puntos con la forma apropiada

1. Tu bicicleta es (bueno) ...... que la mía.
2. El examen de Pedro fue (malo) ...... que el tuyo.
3. Yo soy (viejo) ...... que tú.
4. Yo era (joven) ...... que tú cuando empecé a fumar.
5. Estas cucharas son (malo) ...... que las que compré ayer.

102. Ejercicios de léxico. Haga frases con las siguientes expresiones con el verbo TENER

Tener sueño
Tener ganas de
Tener sed
Tener prisa
Tener hambre
Tener ...... años
Tener calor
Tener frío

Apuntes de clase

unidad 21

103. Ponga los verbos entre paréntesis en el tiempo adecuado, en forma simple o continua, según convenga en cada caso

Ejemplo: *Yo trabajo todos los días - yo estoy trabajando ahora*

1. Yo (desayunar) ...... después de lavarme.
2. Mañana (él ir) ...... a París.
3. ¿Qué te parece el libro que (tú leer) ......?
4. Cuando tú me telefoneaste (yo dormir) ......
5. Después de cenar, siempre (ella ver) ...... la televisión.
6. Antes de dormirme, me gusta (leer) ...... un poco.
7. Todos los años (nosotros veranear) ...... en la Costa Brava.
8. La semana que viene (llegar) ...... mi novio de Alemania.
9. Antes de venir aquí (nosotros tomar) ...... una copa.
10. ¡Espera un momento! me (poner) ...... la chaqueta.

104. Ponga los verbos entre paréntesis en el tiempo adecuado, en forma simple o continua, según convenga en cada caso

1. ¿Qué (hacer tú) ...... cuando te llamé?
2. Me (acostar) ...... todos los días a las doce.
3. Después de comer, me (echar) ...... la siesta.
4. Dice que vendrá dentro de un rato; ahora (él estudiar) ......
5. Estas últimas semanas, la prensa (criticar) ...... duramente al gobierno.
6. Tuve que echarle del examen porque (copiar) ......
7. Dicen que (él escribir) ...... sus memorias.
8. Cuando estuve en Francia, hace diez años, me (divertir) ...... mucho.

105. Ejercicio sobre SER y ESTAR. Ponga la forma correcta de uno u otro verbo en las siguientes frases

1. Esto ...... muy importante para mí.
2. Siempre (él) ...... cansado.
3. Juan ...... constipado.
4. Tu amigo ...... un tonto.
5. El taxi ...... libre cuando lo llamé.
6. Esta noticia ...... increíble.
7. Esta mañana, el autobús ...... lleno.
8. Este reloj ...... siempre parado.
9. ...... necesario leer más.
10. Ya (nosotros) ...... hartos de oír tonterías.

106. Ponga los adjetivos entre paréntesis en la forma que exija el contexto de la frase

1. Aquél fue el (malo) ...... día de toda mi vida.
2. Es el tipo (aburrido) ...... que he visto.
3. Ha sido la (grande) ...... catástrofe de los últimos tiempos.
4. Es el (bueno) ...... alumno que he tenido.
5. No tengo la (pequeña) ...... duda de que está loco.
6. Es la persona (formal) ...... que he conocido.
7. Agustín es el (bajo) ...... de todos nosotros.
8. Pepín era el (tonto) ...... del pueblo.
9. Aquí está el edificio (alto) ...... de la ciudad.
10. Este empleado es el (vago) ...... de la oficina.

107. Conteste a las siguientes preguntas

1. ¿Cómo se llaman los «huesos» del pescado?
2. ¿Cómo se llama la parte exterior de una pera?
3. ¿Cómo se llama la parte exterior de una nuez?
4. ¿Cómo se llama la parte exterior de un huevo?
5. ¿Cómo se llama la parte blanda del pan?
6. ¿Cómo se llama la parte amarilla del huevo?
7. ¿Cómo se llama la parte blanca del huevo?
8. ¿Cómo se llama la parte exterior del pan?
9. ¿Cómo se llama la parte exterior del tronco de un árbol?
10. ¿Cómo se llama la parte dura de las uvas?
11. ¿Cómo se llama la parte dura de las aceitunas?

unidad 22

108. Ponga los siguientes infinitivos en la segunda persona, singular y plural (tú - vosotros) del imperativo

aprender	hablar
subir	contar
recordar	huir
cerrar	volver
enviar	obedecer
pedir	sentir
morir	corregir
despertar	encontrar

109. Rellene los puntos con la forma adecuada del imperativo de los infinitivos entre paréntesis

1. (Tú) (salir) ...... al balcón.
2. (Tú) (poner) ...... la mesa.
3. (Vosotros) (salir) ...... en seguida.
4. (Tú) (ir) ...... a buscarle.
5. (Tú) (hacer) ...... lo que te he dicho.
6. (Vosotras) (decir) ...... la verdad.
7. (Tú) (ser) ...... bueno.
8. (Tú) (venir) ...... a verme.
9. (Tú) (tener) ...... cuidado.
10. (Vosotros) (ir) ...... a la escuela.
11. (Tú) (decir) ...... lo que piensas.

110. Pónganse en plural las siguientes frases

1. Tú te lavas la cara.
2. Ella se va en el tren.
3. Yo me alegré mucho.
4. Él se levantaba muy temprano.
5. Yo me fumé el cigarrillo.
6. ¿Cuándo se casó Vd.?
7. Tú te cansarás de trabajar tanto.
8. Ella se sienta.
9. Él se quita los zapatos.
10. Vd. se ha equivocado.

111. Pónganse en singular las siguientes frases

1. Nos cansamos mucho.
2. Vosotros os ponéis los guantes.
3. Ellas os lo darán.
4. Vds. no nos ayudan.
5. Ellos os regalaron ese jarrón.
6. Ellos se visten rápidamente.
7. ¿Se han lavado Vds.?
8. No nos gusta el marisco.
9. Ellas se han mudado de casa.
10. Vosotras no nos invitáis nunca.

112. Sustituya la palabra CONJUNTO por el nombre colectivo correspondiente en cada caso

1. Un conjunto de ovejas.
2. Un conjunto de pájaros.
3. Un conjunto de ladrones.
4. Un conjunto de músicos.
5. Un conjunto de islas.
6. Un conjunto de jugadores de fútbol.
7. Un conjunto de animales salvajes.
8. Un conjunto de barcos.
9. Un conjunto de voces que cantan juntas.
10. El conjunto de los soldados de un país.

unidad 23

113. Ponga el infinitivo entre paréntesis en la forma correcta del imperativo

1. (Tú) (volver) ...... a las doce.
2. (Tú) (oler) ...... esta flor.
3. (Tú) (oír) ...... esta canción.
4. ¡Chico! (probar) ...... estas croquetas.
5. (Vosotros) (empezar) ...... a trabajar.
6. (Tú) (encender) .... la luz.
7. (Tú) (elegir) ...... el mejor.
8. (Tú) (medir) ...... la longitud de esto.
9. (Tú) (repetir) ...... esta frase.
10. (Tú) (seguir) ...... andando.
11. (Tú) (distribuir) ...... los periódicos.
12. (Vosotros) (destruir) ...... los documentos.
13. (Vosotros) (ser) ...... honrados.
14. (Tú) (venir) ...... temprano.
15. (Tú) (hacer) ...... la comida.

114. Ponga los siguientes verbos en la segunda persona, singular y plural (tú - vosotros) del imperativo

irse	lavarse
ponerse	alegrarse
marcharse	venirse
callarse	hacerse
quedarse	casarse
despedirse	acostarse
dormirse	volverse
divertirse	vestirse
bañarse	reírse
sentarse	quitarse

115. Sustitúyanse las partes en cursiva por el pronombre personal equivalente

1. Yo te presté *mi pluma.*
2. Ellos venden *entradas para el fútbol.*
3. Conocimos *a tu amigo* ayer.
4. Él trajo *los pasteles.*
5. ¿Quién tradujo *esta novela?*
6. Despedimos *a la criada.*
7. ¿Por qué habéis elegido *este regalo?*
8. ¿Cuándo construyeron *estas casas?*
9. He visto a *vuestros primos.*
10. Todavía no has saludado *a tus tías.*

116. Sustitúyase la parte en cursiva por la forma del pronombre personal sin preposición

1. Lo trajo *para mí.*
2. Lo traje *para ti.*
3. Lo han traído *para Vd.*
4. Lo traerán *para él.*
5. Lo trajeron *para ella.*
6. Lo traen *para nosotros.*
7. Lo habían traído *para vosotros.*
8. Lo habrán traído *para Vds.*
9. Lo traían *para ellos.*
10. Lo traen *para ellas.*

117. Rellene los puntos con la palabra que exija el contexto

1. Una ...... de pan.
2. Una ...... de melón.
3. Una ...... de jamón.
4. Una ...... de cerveza.
5. Una ...... de anís.
6. Un ...... de uvas.
7. Una ...... de sardinas en conserva.
8. Un ...... de melocotón en almíbar.
9. Un ...... de pasta dentífrica.
10. Una ...... de gambas a la plancha.
11. Una ...... de huevos.

12. Un ...... de cigarrillos.
13. Un ...... de flores.
14. Una ...... de galletas.
15. Un ...... de vino.
16. Un ...... de agua.
17. Un ...... de medias.

unidad 24

118. Diga las primeras personas, singular y plural (yo - nosotros) del presente de subjuntivo de los siguientes verbos

beber	cantar
sufrir	tocar
jugar	regalar
subir	correr
bajar	cubrir
meter	sacar
recoger	coger
huir	construir
colgar	vencer
conocer	producir

119. Sustitúyase la parte subrayada por la forma del pronombre personal sin preposición

1. Cómpralo *para mí.*
2. Cómpralo *para ti.*
3. Cómprelo *para Vd.*
4. Cómprelo *para él.*
5. Cómpralo *para ella.*
6. Compradlo *para nosotros.*
7. Compradlo *para vosotros.*
8. Cómprenlo *para Vds.*
9. Compradlo *para ellos.*
10. Cómprenlo *para ellas.*

120. Sustitúyanse las partes en cursiva por los pronombres personales equivalentes

1. Tú lo dijiste *a todo el mundo.*
2. Compré un regalo *a mis padres.*
3. Pedí un favor *a la portera.*
4. Dimos una propina *al camarero.*
5. La hice *para Juan.*
6. Di el recado *a tus vecinos.*
7. Las vendí *a los que estaban allí.*
8. Ordené *a las alumnas* que se callasen.
9. Lo cuenta *a todo el que encuentra.*
10. Di un beso *a las niñas.*

121. Rellene los puntos con la partícula necesaria para completar el sentido de las frases

1. Tienes ...... ir al colegio.
2. Se puso ...... estudiar a las siete de la tarde.
3. Acabamos ...... recibir noticias suyas.
4. Volveremos ...... vernos el mes que viene.
5. Me gustaría dejar ...... fumar.
6. No llegaré jamás ...... comprenderle.
7. ¿Por qué te pones ...... cantar ahora?
8. Tiene Vd. ...... hacerlo sin falta.
9. Hay que volver ...... empezar.
10. Acababa ...... telefonearme cuando tú llegaste.
11. ¡Deje Vd. ...... decir tonterías!
12. Siempre le digo que nunca llegará ...... ser nada.
13. Vamos ...... pasarlo muy bien esta tarde.

122. Conteste a las siguientes preguntas

1. ¿Qué se necesita para limpiarse los dientes?
2. ¿Qué se necesita para peinarse?
3. ¿Qué se necesita para encender un cigarrillo?
4. ¿Qué se necesita para barrer el suelo?
5. ¿Qué se necesita para lavar la ropa?
6. ¿Qué se necesita para jugar al tenis?
7. ¿Qué se necesita para secarse después de la ducha?
8. ¿Qué se necesita para bañarse en la playa?
9. ¿Qué se necesita para grabar la voz de una persona?
10. ¿Qué se necesita para poner discos?

Apuntes de clase

unidad 25

123. Ponga los verbos entre paréntesis en la forma correcta del presente de subjuntivo, empezando siempre con la estructura «Yo quiero que...»

1. Yo quiero que (vosotros venir)
2. ...... (tú comer)
3. ...... (él ir)
4. ...... (nosotros salir)
5. ...... (Vds. sentarse)
6. ...... (ellas dormir)
7. ...... (Vd. obedecer)
8. ...... (ellas vestirse)
9. ...... (vosotras conducir)
10. ...... (ella reírse)

124. Termine las siguientes frases poniendo el infinitivo en la forma correcta del presente de subjuntivo

1. Quiero que (tú venir) ......
2. Necesitamos que (ellos dar) ......
3. Te prohíbo que (tú hacer) ......
4. Se alegra de que (vosotros ir) ......
5. Dudamos que esto (valer) ......
6. Esperáis que (yo poder) ......
7. Se queja de que (nosotros salir) ......
8. Le ruego a Vd. que (oír) ......
9. Tenemos miedo de que (Vds. no saber) ......
10. Te ordeno que (tú decir) ......

125. Sustitúyase la parte en cursiva por la forma del pronombre personal sin preposición

1. No lo hagas *para mí.*
2. No lo hagas *para ti.*
3. No lo haga *para Vd.*
4. No lo hagas *para él.*
5. No lo hagas *para ella.*
6. No lo hagáis *para nosotros.*
7. No lo hagáis *para vosotros.*
8. No lo hagan *para Vds.*
9. No lo hagáis *para ellos.*
10. No lo hagáis *para ellas.*

126. Úsese la forma correcta de los pronombres personales en las siguientes frases

1. No te preocupes; está con ...... (yo).
2. Este paquete es para ...... (tú).
3. Te he visto en la calle con ...... (él).
4. Yo con ...... (tú) voy al fin del mundo.
5. Dice que se acuerda mucho de ...... (yo).
6. ¿Queréis venir con ...... (nosotros)?
7. Me habló muy bien de ...... (ellos).
8. No he sabido nada de ...... (tú) en estos últimos días.
9. ¿Me permitís que me siente con ...... (vosotros)?
10. Antonio no se lleva bien con ...... (yo).

127. Díganse los verbos de significación contraria a los siguientes

poner	sentarse
amar	meter
llorar	venir
abrir	encender
vestirse	entrar
subir	vivir
saber	calentar
dar	hablar
comprar	limpiar

unidad 26

128. Conteste a las siguientes preguntas, afirmativa y negativamente, repitiendo los verbos que aparecen en ellas

1. ¿Quieres que (yo) le invite?
2. ¿Te gusta que (yo) salga con ella?
3. ¿Os alegráis de que hayan venido?
4. ¿Le apetece a Vd. que tomemos un café?
5. ¿Desean Vds. que les acompañe?
6. ¿Temes que haya una guerra?
7. ¿Prefieres que te lleve a casa?
8. ¿Me permite Vd. que le ayude?
9. ¿Esperan Vds. que haga buen tiempo?
10. ¿Le prohíben Vds. que fume?

129. Diga las segundas personas, singular y plural (tú - vosotros), del imperfecto de subjuntivo de los siguientes verbos

cerrar	abrir
contestar	ver
caber	caer
luchar	decidir
saber	romper
faltar	arreglar
escribir	sorprender
descubrir	barrer
explicar	ayudar

130. Sustitúyanse las partes en cursiva por los pronombres LE-S o LA-S, efectuando los cambios de posición necesarios

1. Esperamos *a esas señoras* hasta las siete de la tarde.
2. Puse un telegrama *a mi mujer* esta mañana.
3. Voy a llevar *a tu hermana* al teatro esta noche.
4. He dicho *a esa señorita* que tiene el pasaporte caducado.
5. Esta mañana cortamos el pelo *a la niña.*
6. Compré *una nevera nueva* para nuestra casa de campo.
7. El cartero entregó las cartas *a los vecinos.*
8. Explicó el problema *a las alumnas.*
9. Arregló *la luz de la cocina* en dos minutos.
10. Este mes no he pagado *a la patrona.*

131. Indefinidos. Úsense las palabras MUY o MUCHO en las siguientes frases

1. Sabía ......
2. Eso está ...... bien.
3. Ese tío habla ......
4. Estamos ...... contentos.
5. Era un chico ...... formal.
6. Trabaja ...... y ...... bien.
7. María es ...... simpática.
8. Ha vivido ......
9. Te quiero ......
10. Le encontré ...... triste.
11. Me gusta la carne ...... hecha.

132. Conteste a las siguientes preguntas

1. Si necesita Vd. comprar aguja, hilos, botones, etc., ¿dónde va?
2. Si necesita Vd. comprar telas o vestidos, etc., ¿dónde va?
3. Si necesita Vd. comprar artículos de limpieza, ¿dónde va?
4. Si necesita Vd. comprar artículos de aseo personal, ¿dónde va?
5. Si necesita Vd. comprar herramientas, ¿dónde va?
6. Si necesita Vd. guardar el coche durante las noches, ¿dónde lo deja?
7. Si necesita Vd. reparar el coche, ¿dónde lo lleva?
8. Si necesita Vd. comprar artículos alimenticios, ¿dónde va?

unidad 27

133. Ponga los verbos entre paréntesis en la forma correcta del pretérito imperfecto de subjuntivo, empezando siempre con la estructura «Yo quería que...» y termine las frases de una manera lógica

1. Yo quería que (tú pedir) ......
2. ...... (ella poner) ......
3. ...... (vosotros dar) ......
4. ...... (Vds. dormir) ......
5. ...... (ellos oír) ......
6. ...... (Vd. estar) ......
7. ...... (él conducir) ......
8. ...... (vosotras hacer) ......
9. ...... (ellas ver) ......
10. ...... (Vd. traducir) ......

134. Ponga los infinitos entre paréntesis en la forma correcta del pretérito de subjuntivo

1. Si (yo tener) ...... dinero, compraría ese chalet.
2. Nos alegramos de que (él decir) ...... la verdad.
3. Ellos no habían dicho que (tú saber) ...... su dirección.
4. No creía que (ellos poder) ...... hacer eso.
5. Era imposible que (él andar) ...... tanto.
6. Era probable que (Vds. traer) ...... el vino.
7. Si tu casa (estar) ...... cerca, vendría a verte.
8. Dijo que hablaríamos cuando (él llegar) ......
9. Nos prohibió que (nosotros ir) ...... a las carreras.
10 Nos pidió que (nosotros ser) ...... obedientes.

135. Úsense las palabras BIEN o BUENO (buen -o -a -os -as) en las siguientes frases

1. Este pescado sabe muy ......
2. Esa obra de teatro era bastante ......
3. El aire de la montaña me sienta ......
4. ¡Qué ...... es Santiago!
5. La lluvia es muy ...... para el campo.
6. Ese artículo está bastante ...... escrito.
7. No estaban ...... de salud.
8. Sus notas no eran ......
9. Ayer hizo muy ...... día.
10. ¡...... noches a todos!
11. Tu amigo es un ...... chico.
12. Ése sí que es un ...... coche.
13. Esto no está ...... hecho.
14. Le gustaba el ...... vino.
15. Fue una ...... oportunidad.
16. No es ...... trabajar demasiado.
17. Este queso no huele ......
18. ¡Qué ...... sabe esta tortilla!

136. Transforme los siguientes adjetivos en adverbios añadiéndoles la terminación -MENTE y haga frases con cada uno

rápido
simple
único
magnífico
seguro

estupendo
general
inteligente
sólo
abundante

137. Explíquese el sentido de las siguientes palabras

Ayuntamiento
Comisaría
Correos
Aduanas
Agencia de viajes
Guardarropa
Documentación
Hacienda

Alcalde
Casa de socorro
Renfe
Gestoría
Consigna
Carnet de identidad
Carnet de conducir
Las Cortes

SEGUNDO CICLO

unidad 28

138. Ejercicio sobre SER y ESTAR. Ponga la forma adecuada de uno u otro verbo

1. Lo que dice Antonio ...... verdad.
2. Trabajar siempre ...... importante.
3. No me interrumpas; ...... ocupado.
4. ¿...... que no me entiende Vd.?
5. (Yo) ...... seguro de eso.
6. ¿Quién ...... al teléfono?
7. Aquí ...... donde tuve el accidente.
8. (Ella) ...... en la cola del autobús.
9. Su padre ...... un buenazo.
10. Los Bancos sólo ...... abiertos por la mañana.

139. Ejercicio sobre SER y ESTAR. Rellene los puntos con la forma y tiempo adecuados de uno u otro vèrbo

1. Ese niño ...... muy *listo.*
2. Todavía (yo) no ...... *listo* para salir.
3. El concierto de ayer ...... *aburrido.*
4. ¿Qué te pasa? (yo) ...... muy *aburrido.*
5. Irlanda ...... un país *católico.*
6. Ayer (él) no ...... muy *católico;* le dolía un poco la cabeza.
7. La conferencia del otro día ...... muy *pesada.*
8. He comido mucho hoy; ...... muy *pesado.*
9. El hijo de los vecinos ...... *malo* con los animales.
10. Ayer no pude ir a clase porque ...... *malo.*

140. Sustituya los siguientes adverbios en -MENTE por expresiones que les sean sinónimas, haciendo una frase con cada una

Ejemplo: *Generalmente=Por lo general*

repentinamente	comúnmente
rápidamente	secretamente
fácilmente	difícilmente
graciosamente	eficazmente
silenciosamente	tranquilamente

141. Léanse las siguientes frases

1. Mi número de teléfono es 2 37 53 13.
2. Juanita vive en Serrano n.º 175.
3. La guerra civil española comenzó en el año 1936.
4. La matrícula de mi coche es M-8175-S.
5. Tengo la clase en el aula 005.
6. El kilo de azúcar vale 145 ptas.
7. El 19 de marzo es el día de San José.
8. Llegaremos el jueves, día 3 de abril.
9. La nochebuena se celebra el 24 de diciembre.
10. Una tonelada es igual a 1.000 kilos.

142. Pesos y medidas más usuales. Rellene los puntos con la palabra adecuada

1. Compré un ...... de patatas.
2. Le eché 15 ...... de gasolina al coche.
3. Se necesitan 3 ...... de tela para este traje.
4. Comí 200 ...... de jamón yo solo.
5. Tú pesas 70 ......
6. Compramos 1/2 ...... de queso.
7. Ese camión puede llevar 10 ...... de carga.
8. Ese coche puede correr a 140 ...... por hora.
9. Compré una ...... de huevos.
10. Bebo 1/2 ...... de vino en cada comida.

unidad 29

143. Ejercicio sobre SER y ESTAR. Ponga la forma adecuada de uno u otro verbo

1. Ahora ya ...... tarde para ir al teatro.
2. El ascensor no funciona; ...... estropeado.
3. No me sale nada bien; ...... de malas estos días
4. Cuando llegó, (yo) todavía ...... en pijama.
5. Tu primo ...... un americano típico.
6. En el siglo pasado ...... corrientes los duelos.
7. Me ha tocado la lotería; ...... de suerte.
8. La música «pop» ...... de moda.
9. ...... visto que tú nunca cambiarás; siempre ...... el mismo.
10. La biblioteca ...... cerrada por las tardes.

144. Ejercicio sobre SER y ESTAR. Ponga la forma adecuada de uno u otro verbo

1. Los mejores atletas suelen ...... *negros.*
2. (Yo) ...... negro porque tengo mucho que hacer.
3. ¡Qué *atento* ...... ese señor! Da gusto tratar con él.
4. Siempre (nosotros) ...... muy atentos en la clase.
5. El coche que compré ya no ...... *nuevo,* pero ...... casi nuevo.
6. Manolo no ...... una persona *decente.*
7. Lo siento, pero no ...... decente para recibirle ahora.
8. (Yo) ...... *molesto* con tu hermano.
9. La vida en las grandes ciudades ...... muy molesta.
10. Me gusta esa chica, pero tiene un defecto; ...... demasiado *interesada.*
11. Gabriel ...... muy interesado en la política.
12. Como es muy tímido, siempre ...... *violento* delante de las chicas.
13. Los pacifistas no deben ...... violentos.

145. Úsense las palabras MAL o MALO -A -OS -AS en las siguientes frases

1. ¡Qué ...... tiempo hace!
2. ¿Qué te pasa? ¿te encuentras ......?
3. Ha sacado muy ...... notas.
4. Aquel equipo era bastante ......
5. Ese niño canta muy ......
6. Esta habitación huele ......
7. Se portó muy ...... con nosotros.
8. Es una ...... mujer.
9. Tiene muy ...... modales.
10. Estos plátanos saben ......
11. ¡Qué ...... huele el metro!
12. ¡Qué ...... eres!

146. Rellene los puntos con la preposición adecuada

1. Me han regalado un reloj ...... oro.
2. ¡Pobre ...... mí; qué voy ...... hacer!
3. No te comas las uvas ...... dos ...... dos.
4. Lo iré haciendo poco ...... poco.
5. Tuve que ir ...... pie en el autobús.
6. Este hombre no debe ser ...... aquí.
7. La máquina ...... escribir está estropeada, ¿verdad?
8. ...... primavera suele hacer buen tiempo.
9. Eso es fácil ...... decir, pero difícil ...... hacer.
10. Los alumnos ...... esta clase saben mucho español.

147. Conteste a las siguientes preguntas

1. ¿Cuál es la misión de un guardia civil?
2. ¿Cuál es la misión de un policía armado?
3. ¿Cuál es la misión de un guardia de tráfico?
4. ¿Cuál es la misión de un sereno?
5. ¿Cuál es la misión de un cobrador de autobús?
6. ¿Cuál es la misión de un cobrador de la luz?
7. ¿Cuál es la misión de un portero?
8. ¿Cuál es la misión de un bedel?

unidad 30

148. Ejercicio sobre SER y ESTAR. Teniendo en cuenta que los dos verbos son posibles en la mayoría de las siguientes frases, elija la forma de presente de uno u otro verbo que parece requerir el contexto

1. La hierba ...... verde.
   En primavera, los campos ...... verdes.
2. El café ...... amargo.
   Este café ...... amargo.
3. El agua del mar ...... salada.
   Esta sopa ...... muy salada.
4. Los pasteles ...... dulces.
   Estos pasteles ...... dulces.
5. La escalera de mi casa ...... muy oscura.
   Hoy, como se fue la luz, ... muy oscura.
6. Rosa ...... muy alegre.
   Hoy, ... muy alegre porque llega su novio.
7. El clima en el norte de España ...... húmedo.
   Hoy ...... un día muy húmedo.
8. La paella ...... un plato muy rico.
   Hoy ...... mejor que nunca.
9. Los españoles del sur ...... morenos.
   (Nosotros) ...... morenos porque venimos de la playa.
10. En general, los boxeadores ...... fuertes.
    (Yo) ...... muy fuerte, porque hago mucho ejercicio.

149. Pónganse los verbos entre paréntesis en la forma adecuada del imperfecto o el indefinido que parece requerir el contexto

1. Ayer (llover) .... mucho por la mañana.
2. (Ella ir) ...... todos los domingos a misa.
3. (Nosotros tener) ...... la costumbre de ir de pesca los domingos.
4. El lunes pasado (yo levantarme) ...... muy temprano.

5. Ese niño, a los nueve meses, ya (andar) ......
6. (Ellos soler) ...... comer en un restaurante económico.
7. Aquel invierno (nevar) ...... mucho.
8. Generalmente, (él tomar) ...... una copa con el café.
9. De repente, (empezar) ...... a llorar.
10. El vecino de al lado (ser) ...... cojo.

150. Pónganse los verbos entre paréntesis en la forma adecuada del imperfecto o el indefinido que parece requerir el contexto

1. Todos los días (yo coger ...... el metro.
2. Aquella tarde (nosotros aburrirse) ...... como ostras.
3. Entonces (yo ser) ...... muy niño.
4. Ese alumno (sentarse) ...... siempre en la primera fila.
5. Le (yo conocer) ...... en Barcelona.
6. Siempre (ser) ...... un hombre muy orgulloso.
7. Los (nosotros ver) ...... por última vez hace cinco años.
8. La guerra civil española (empezar) ...... en 1936.
9. Durante las últimas vacaciones (nosotros ir) ...... al sur.
10. (Yo descubrir) ...... esa cafetería, por primera vez, hace dos semanas.
11. (Yo ir) ...... a contártelo ya.
12. (Él tener) ...... una enfermedad incurable.
13. Ya (ser) ...... las seis de la tarde.
14. Siempre (ella tener) ...... miedo de las serpientes.
15. Esta mañana (yo perder) ...... el autobús.

151. Úsense las palabras ALGÚN -O -A -OS -AS o NINGÚN -O -A en las siguientes frases

1. ¿Tiene Vd. ...... problema?
2. No había ...... barco en el puerto.
3. Teníamos ...... cosas que discutir.
4. No se le puede ver a ...... hora.
5. ...... creen que la guerra es inevitable.
6. Pregunté a ...... de ellos, pero ...... lo sabía.
7. Pregunté a varias personas, pero no lo sabía ......
8. En líneas generales, estoy de acuerdo contigo, pero no comprendo ...... de tus puntos de vista.
9. Tengo ...... discos de flamenco, pero no tengo ...... disco de zarzuela.
10. Tiene ...... pájaros en casa, pero ...... canta.

152. Fórmense los derivados de las siguientes palabras según la frase modelo y haga una frase con cada uno

Frase modelo: *Dar un golpe con el puño=un puñetazo*

pata	cabeza
botella	pelota
balón	codo
empujar	mano
cañón	rodilla
vista	bala

Apuntes de clase

unidad 31

153. Pónganse los verbos entre paréntesis en la forma adecuada del imperfecto o el indefinido

1. (Nosotros estar) ...... comiendo, cuando oímos la noticia.
2. El sábado pasado no fue al partido porque (él estar) ...... enfermo desde (hacer) ...... dos días.
3. Siempre que (nosotros verle) ...... nos decía que (él querer) ...... venir con nosotros.
4. Cuando nos casamos, no (tener) ...... casa propia.
5. Él solía esperarla a la salida del trabajo, pero ayer no (poder) ......
6. Mientras (él comer) ...... nunca leía el periódico.
7. Siempre que le dejaban solo, (él llorar) ......
8. (Yo subir) ...... rápidamente, pero ya no estaban los demás.
9. Cada vez que cantaba, le (ellos tirar) ...... tomates.
10. El pobre niño estaba jugando cuando le (atropellar) ...... el coche.

154. De las dos formas que se dan entre paréntesis, tache la que considere incorrecta

(Érase - fue) una vez una Reina muy buena y muy triste. No (había - hubo) tenido hijos, lo que siempre (era - fue) su mayor ilusión, ya que (adoraba - adoró) a los niños.

Un día de invierno, triste y frío, la Reina (bordaba - bordó) junto al balcón. Fuera (nevaba - nevó) copiosamente y sin cesar. Mirando los copos de nieve, la Reina (se distraía - se distrajo) y (se pinchaba - se pinchó), y una gota de sangre (caía - cayó) sobre las flores de su bordado.

—¡Ay! ... (exclamaba - exclamó) la Reina. ¡Qué dichosa sería con una hija blanca, blanca como la nieve!

El Hada de la Nieve que (estaba - estuvo) oyendo el lamento de la Reina, (decidía - decidió) complacer sus deseos. Y poco después le (nacía - nació) una hijita de blanca piel a la que su madre (ponía - puso) de nombre Blancanieves.

155. Úsense las palabras CADA o TODO -A -OS -AS en las siguientes frases

1. ...... vez que viene me trae un regalo.
2. Conoce a ...... el mundo en la Facultad.
3. ...... día que pasa estoy más harto.
4. ¿A cuánto tocamos ...... uno?
5. ...... nosotros hemos estado en París.
6. ...... la calle estaba en obras.
7. Lo saben ...... los que están aquí.
8. ...... uno tiene sus propios problemas.
9. Estaba durmiendo a ...... horas.
10. Me gustó ...... lo que vi.
11. ...... los días me dice lo mismo.
12. He comprado un helado para ...... uno de nosotros.
13. Ese amigo tuyo sabe de ......
14. Se enfada por ......
15. Tiene muy buen carácter; se lleva bien con ......

156. Rellene los puntos con la preposición adecuada

1. El ladrón entró ...... la casa.
2. ¡Bájate ...... ahí! ¡Te vas ...... caer!
3. Creo que están hablando ...... nosotros.
4. Estaba tan cansado que se acostó ...... la cama.
5. No pienses más ...... eso.
6. El avión aterrizará ...... Barajas a las siete.
7. No me he despedido ...... tus padres.
8. Este tren para ...... todas las estaciones.
9. ¡A ver si vuelves pronto ...... casa!
10. ¿Qué me has traído ...... París?

157. Explique Vd. a grandes rasgos la diferencia que existe entre los siguientes establecimientos, teniendo en cuenta que estas diferencias son siempre muy relativas

Bar	Sala de fiestas
Taberna (Tasca)	Discoteca
Cafetería	Club
Mesón	Pensión
Bodega	Hotel
Restaurante	Parador

unidad 32

158. Ponga los verbos entre paréntesis en la forma adecuada del imperfecto o del indefinido de indicativo

(Hacer) un año que no (ver) a Enrique y no (ir) a su casa en aquella ocasión porque (querer), sino porque otro amigo nuestro llamado Pedro (decidir) que ya (ser) hora de hacer las paces.

Cuando (nosotros llegar) a la casa, Enrique (estar) en el jardín. En cuanto (él vernos), (acercarse) a nosotros, (darnos) un abrazo y, sin mencionar en absoluto las pequeñas diferencias que (separarnos), (él invitarnos) a tomar una copa en su compañía.

(Yo comprender) entonces que la decisión de Pedro (haber) sido muy oportuna.

159. Úsense las palabras ALGUIEN o NADIE en las siguientes frases

1. ¿No ha llegado ...... todavía?
2. ¿Ha visto ...... a Pepe?
3. No fue ...... a la reunión.
4. ¿Hay ...... aquí?
5. Esto es un misterio: ...... sabe lo que pasa.
6. No ha salido con ...... la semana pasada.
7. Esto debe ser de ......
8. No se molesta por ......
9. ¿Conoces a ...... en el Ayuntamiento?
10. Esta carta debe ser para ...... de casa.

160. Léanse las siguientes frases

1. Granada está a 420 km. de Madrid.
2. Un kilómetro tiene 1.000 metros.
3. Esto pesa 1 kilo, 800 g.
4. Hemos comprado 15 litros de aceite.

5. ¿Quiere Vd. darme 1/2 kg. de mantequilla.
6. Sólo quiero 1/4 kg. de carne.
7. Valencia tiene casi 1.000.000 de habitantes.
8. He engordado 2,5 kg. este mes.
9. La novela tiene 353 págs.
10. Hemos vendido 7.500 ejemplares de nuestro libro.

161. Ejercicio de derivación. Colóquense los prefijos negativos IN- o DES-, según convenga, en las siguientes palabras

hacer	útil
seguro	cargar
capaz	cansar
feliz	mentir
mortal	necesario
contar	puro
decente	humano

162. Conteste a las siguientes preguntas

1. ¿Qué se necesita para lavarse la cabeza?
2. ¿Qué se necesita para cortar papel, tejidos, etc.?
3. ¿Qué se necesita para esquiar?
4. ¿Qué se necesita para echar la sal?
5. ¿Qué se necesita para pintar una habitación?
6. ¿Qué se necesita para hacer fotografías?
7. ¿Qué se necesita para sacar la rueda pinchada de un coche?
8. ¿Qué se necesita para cazar?
9. ¿Qué se necesita para pescar?
10. ¿Qué se necesita para tener frescos los alimentos?

163. Explique el significado de las siguientes frases con el verbo PONER

1. Si esperas un momento, te ayudo a poner la mesa.
2. Aunque no te guste, tienes que ponerle buena cara.
3. ¡Oiga! ¿Qué pone ahí? ¡No puedo entenderlo!
4. En esta casa siempre está puesta la televisión. ¡Ya está bien!
5. ¡Ponga Vd. mucho cuidado en lo que hace!
6. Esta mañana no conseguí poner en marcha el coche.
7. Tengo que poner en hora el reloj.

unidad 33

164. Ponga los verbos entre paréntesis en el tiempo correcto

Miau (ser) un gato vagabundo que (vivir) siempre sobre los tejados. Por las noches (gustarle) sentarse a contemplar la luna y (pasarse) allí horas y horas pensando en su amiga Blanquita. (Ella ser) rubia y (soler) llevar un vestido colorado y un lacito del mismo color entre las orejas.

Miau (pensar) que ella (ser) la más buena y bonita que (haber) visto jamás, pero que nunca (poder) casarse con ella, pues no (tener) una buena casa que ofrecerle.

Una tarde (acercársele) un pajarito, que (ser) el cartero de urgencia del pueblo, y (entregarle) una carta, diciéndole que Don Gato Pardo, el tío de Blanquita (haberle) dado aquella nota para él.

Miau (abrir) el sobre con impaciencia y (empezar) a leer. La carta (decir) que como (él saber) que (él ser) bueno y honrado, no (importarle) que (él ser) pobre; que (concederle) la mano de su sobrina y que en cuanto (él querer) (celebrarse) la boda.

Luego, para celebrarlo, Miau (invitar) a Blanquita a un buen restaurante.

Al llegar, (él pedir) al camarero que (traerle) el pescado más grande que (él tener).

(Ellos comérselo) todo sin dejar ni una migaja y cuando ya sólo (quedar) la espina, el gato (decir) que le (haber) gustado mucho y que el pescado (ser) la mejor medicina que se (haber) inventado jamás.

Miu (acompañar) a Blanquita hasta su casa. Allí Don Gato Pardo los (recibir) con mucha alegría y (preparar) una gran fiesta.

A los pocos días (ellos casarse) y la boda (ser) un gran acontecimiento en el pueblo. (Acudir) todos sus habitantes y (felicitar) a Miau por su buena suerte.

Luego le (ellos decir) que le (nombrar) oficial de tejados, para que los ratoncillos traviesos no (poder) entrar de noche en sus casas.

Miau (aceptar) encantado, pues (seguirle) gustando mucho correr por los tejados y sentarse a mirar la luna.

Pronto la noticia de lo que (haberle) ocurrido a Miau (extenderse) por otros muchos pueblos, y los gatos que (habitar) en ellos (decidir) por unanimidad comer siempre pescado.

Y desde entonces, la gente (empezar) a decir que los gatos tienen siete vidas.

165. Sustitúyanse los verbos de estas frases por las formas correspondientes del presente de indicativo

1. Mañana *iré* a verte.
2. La Revolución francesa *estalló* en 1789.
3. Te *llamaré* la semana que viene.
4. Shakespeare *escribió* Hamlet en 1583.
5. Ayer me *llamó* tonto y hoy me dice que soy inteligente.
6. Le *estoy diciendo* que se calle.
7. ¿Qué haces? *Estoy leyendo* el periódico.
8. Te lo *daré* cuando tenga tiempo.

166. Contéstese a las siguientes preguntas utilizando las formas de futuro o condicional simples de probabilidad

(Frase modelo: *¿Qué hora es? Serán las ocho)*

1. ¿Qué edad tiene esa señorita?
2. ¿Cuánta gente había en la fiesta?
3. ¿Dónde están tus padres?
4. ¿Cuántos cigarrillos fuma Vd. al día?
5. ¿Quién fue?
6. ¿Cuánto cuesta el billete para Málaga en avión?
7. ¿Sabes lo que pagó por su reloj?
8. ¿Qué estudia Mercedes ahora?

167. Léase la forma correcta del ordinal correspondiente a los números dados entre paréntesis

1. Tú fuiste el (1) hombre en mi vida.
2. Ella fue la (3) que habló.
3. Vosotros vivís en el (3) piso de la casa.
4. Para mí, Vds. son los (1).
5. ¿Has escuchado alguna vez la (3) sinfonía de Beethoven?
6. Las (1) veces que le vi, no me gustó.
7. Éste es el (3) autobús que pierdo.
8. Después del (1) whisky ya estaba un poco mareado.

168. Rellene los puntos con la preposición adecuada

1. La Facultad está ...... dos kilómetros de mi barrio.
2. Cuando fui a Barcelona pasé ...... Zaragoza.
3. Tengo que mudarme ...... camisa; ésta está muy sucia.
4. Acabo ...... verle y no me ha saludado.
5. No te alejes ...... mí.
6. Este club pertenece ...... Educación y Descanso.
7. Han preguntado ...... ti.
8. He viajado ...... casi todos los países de Europa.
9. Ten cuidado ...... el niño; que no se acerque ...... la piscina.
10. ¿A qué hora sales ...... la oficina?

169. Haga frases con las siguientes palabras, dejando claro el significado en los casos en que sea necesario

bosque - jardín - huerta
piña - coco
fresa - cereza
tomate - pepino
coliflor - lechuga - repollo
judías - judías verdes
maíz - trigo
garbanzos - lentejas
cebada - avena - centeno

Apuntes de clase

unidad 34

★170. Ponga los verbos entre paréntesis en un tiempo verbal que exprese probabilidad en el presente, pasado o futuro, según convenga al sentido de cada frase

1. ¿Dónde (estar) ...... Pedro a estas horas?
2. ¿Qué (haber) ...... hecho tu hermana antes de venir aquí?
3. Gasta mucho dinero; ¿le (tocar) ...... la lotería?
4. ¿No (ser) ...... esa señorita la que llamó esta mañana?
5. ¡Cómo (él tener) ...... valor para ponerse delante de un toro!
6. ¿Cómo (ganar) ...... ese señor todo el dinero que tiene?
7. ¿Qué (ellos pensar) ...... hacer cuando terminen la carrera?
8. ¿Qué (él decir) ...... cuando la vio con otro?
9. ¿Por qué (ella hacer) ...... esto?
10. ¿Con quién (él vivir) ...... cuando estuvo en Inglaterra?

★171. Sustituya las palabras en cursiva por un tiempo del verbo, conservando el matiz aproximativo

1. *Eran alrededor de* las ocho.
2. *Hay aproximadamente* cien personas en la sala.
3. *Tenía unos* treinta años.
4. Le *ha costado, más o menos,* cien pesetas.
5. Lo *hemos visto a eso de* las once de la noche.
6. *Seguramente, vivía* bastante mal.
7. ¿Cuántos *había, más o menos?*
8. *Seguramente* le *ha ocurrido* algo, porque todavía no ha llegado.
9. *Anduve alrededor de* cinco kilómetros.
10. La habitación *mide aproximadamente* cuatro metros de largo.

172. Úsense las palabras ALGO o NADA en las siguientes frases

1. ¿Te pasa ......?
2. No me importa ......
3. Me contó ...... que me sorprendió mucho.
4. Nunca dice ......
5. ¿Quiere Vd. ...... más?
6. No hay ...... que hacer.
7. Por ...... lo habrá hecho.
8. Es muy buena persona; no se enfada por ......
9. Este aparato no sirve para ......
10. Como dijo Calderón; ...... es verdad ni es mentira.

173. Escríbase el acento en las palabras en cursiva que lo necesiten

1. *Aun* no ha llegado el profesor.
2. ¿Sabe Vd. *quien es* ese señor?
3. *Solo* faltan cinco días para las vacaciones.
4. Me acuerdo mucho *de ti*.
5. Esto que ha hecho Vd. no *se* hace.
6. Se encontraba muy *solo*.
7. Quiero que me lo *de*.
8. *Aun* así no me interesa.
9. Todavía no lo *se*.
10. *Quien* lo sepa, que levante la mano.

*174. Escriba la forma adecuada del participio pasado de los verbos entre paréntesis (todos ellos tienen una forma regular y otra irregular)

1. Los huevos ya están (freír) ......
2. Estoy seguro que te has (confundir) ......
3. Todavía no se ha (despertar) ......
4. Ese dependiente ha sido muy (atender) ......
5. El sacerdote ha (bendecir) ...... el vino de la misa.
6. La gente cree que este castillo está (maldecir) ......
7. El autobús iba (completar) ......
8. Ese asunto es (confundir) ......
9. El médico nos ha (atender) ...... muy bien.
10. A las ocho, ya estaba (despertar) ......
11. Se mojó los dedos con el agua (bendecir) ......

175. Explique el significado de los siguientes modismos y utilícelos en frases

pasarlo bien (mal).
estar sin blanca.
estar de mal (buen) humor.
poner verde a alguien.
llevarse bien con alguien.
estar a gusto (disgusto).

Apuntes de clase

unidad 35

176. Ponga los verbos en cursiva en gerundio, o déjelos en infinitivo, según convenga al sentido de la frase

1. Llevo *vivir* ...... en España dos semanas.
2. Seguimos *pensar* ...... que está Vd. equivocado.
3. Acaban de *dar* ...... las doce.
4. Al principio no quería, pero acabó *ir* ...... al cine.
5. Dejaré de *trabajar* ...... cuando sea rico.
6. Esa máquina fotográfica viene a *costar* ......, con impuestos incluidos, unas 3.000 ptas.
7. ¡Vayan Vds. *entregar* ...... los ejercicios!
8. No vuelvas a *llamarme* ...... cobarde nunca más.
9. Andan *decir* ...... por ahí que vas a *casarte* ......
10. Ya te iré *pagar* ...... poco a poco.

177. Complete las siguientes frases usando el verbo entre paréntesis

1. Ella tenía que (darme) ......
2. Sigo (vivir) ......
3. Acabábamos de (ver) ......
4. Vd. se puso a (decir) ......
5. Volvió a (criticar) ......
6. Ha dejado de (tomar) .....
7. Llevaba (estudiar) ......
8. Él va (conocer) ......
9. Vamos a (beber) ......

*178. Transfórmense las siguientes frases, utilizando LLEVAR, HACER o DESDE HACE, según el siguiente modelo

Llevo tres años estudiando inglés.
Hace tres años que estudio inglés.
Estudio inglés desde hace tres años.

1. Trabaja aquí desde hace dos meses.
2. Llevaba dos meses hablando con ella.
3. Llevan tres horas operando al enfermo.
4. Hace cinco minutos que está cantando.
5. Bebe sólo leche desde hace tres días.

179. Rellene los puntos con la preposición adecuada

1. ¿Qué me dices ...... esto?
2. Nos reunimos todos ...... la hora ...... de comer.
3. Ya es hora ...... acostarse.
4. Lo terminó ...... dos días.
5. Están siempre ...... juerga.
6. ¡Niños, ... la cama!
7. Yo, ... niño, era muy travieso.
8. Se vistió ...... gitana para el baile de disfraces.
9. Prefiero la langosta ...... las judías.
10. ...... abril, aguas mil.

180. Ejercicio de derivación. Colóquense los prefijos RE- o EX-, según convenga en las siguientes palabras. Obsérvese que, en algunos casos, cambia la significación

editar	traer
leer	coger
presidente	volver
elegir	combatiente
tornar	educar

181. Rellene los puntos con el verbo específico que necesite el contexto

1. El reloj ...... atrasado.
2. Hoy ...... mucho calor.
3. Ayer (él) ...... 28 años.
4. ¿Quieres venir a ...... una vuelta?
5. Los domingos (nosotros) ...... misa en la catedral.
6. (Yo) ...... un poco de frío hoy.
7. Tenemos que ...... de viaje al extranjero.
8. No puedo ir, ... mucha prisa.
9. Manolo es un sinvergüenza; tenemos que ...... le una lección.
10. Haga Vd. el favor de ...... cuerda al reloj.

Apuntes de clase

182. Ponga los siguientes imperativos en forma negativa

1. Tráemelo.
2. Decídselo.
3. Escríbanselo.
4. Cómpramelo.
5. Vendédselo.
6. Mándasela.
7. Enviádnoslo.
8. Pruébatelo.
9. Ponéoslo.
10. Dénnoslo.

183. Ponga los siguientes imperativos en forma afirmativa

1. No se lo digas.
2. No te lo quites.
3. No os lo pongáis.
4. No se lo limpiéis.
5. No se lo haga.
6. No nos lo regales.
7. No se lo entreguéis.
8. No os lo quitéis.
9. No me lo laves.
10. No se lo den.

184. Ponga estos imperativos en forma afirmativa

1. ¡No crucéis la calle!
2. ¡No cuelgues la gabardina!
3. ¡No sirva Vd. la comida!
4. ¡No te olvides de esa fecha!

5. ¡No cojas el autobús!
6. ¡No os sentéis aquí!
7. ¡No te des prisa!
8. ¡No se casen Vds.!
9. ¡No despertéis a los niños!
10. ¡No os subáis al árbol!

185. Úsense las palabras SIEMPRE o NUNCA en las siguientes frases

1. No he estado ...... en Berlín.
2. ...... voy a esquiar cuando hay nieve.
3. No veo ...... los anuncios de la televisión.
4. Me gusta mucho el póker, pero no ...... tengo dinero para jugar.
5. En los desiertos, casi ...... llueve.
6. Se despidieron para ......
7. ¿Qué le pasa a Ricardo que ...... está protestando?
8. Como ...... puedo verle, no sé qué aspecto tiene.
9. Casi ...... habla con nadie; está de mal humor casi ......
10. Nos conocemos desde ......

186. Rellene los puntos con la preposición adecuada

1. ¿Cuántas pesetas hay ...... un duro?
2. Lo haré ...... muy buena gana.
3. Dejó los zapatos ...... los pies ...... la cama.
4. ¿Qué ha sido ...... aquel perro que tenían Vds.?
5. ¿...... cuánto está la docena de huevos?
6. Vive ...... compañía ...... otras dos chicas danesas.
7. Tengo que sacar dinero ...... mi Banco.
8. Se marchó ...... España en 1973.
9. Me gusta mucho fumar ...... pipa.
10. Están juntos ...... todas horas.

187. Haga frases con las siguientes palabras, dejando claro el significado

Cintura - caderas
Muela - colmillo - diente
Pecho - espalda
Hígado - pulmones
Codo - tobillo
Palma de la mano - planta del pie
(Dedo) pulgar - (dedo) meñique

unidad 37

188. Ponga estos imperativos en forma negativa

Sal	Cierren Vds.
Salid	Pon
Haz	Vuelve
Traed	Vaya Vd.
Sed	Cuenten Vds.
Traducid	Huye
Huele	Pedid
Oíd	Oiga Vd.
Ven	Dé Vd.
Di	Traigan Vds.

189. Ponga estos imperativos en forma negativa

1. ¡Levántate temprano!
2. ¡Quedaos en casa!
3. ¡Cállense Vds.!
4. ¡Mírate en el espejo!
5. ¡Párese Vd. ahí!
6. ¡Acuéstate pronto!
7. ¡Límpiate la nariz!
8. ¡Hazte un traje nuevo!
9. ¡Cambiaros de casa!
10. ¡Apréndete esto de memoria!
11. ¡Dése Vd. prisa!

190. Pónganse en forma negativa las siguientes formas verbales

Destruidlos	Termínalos
Dáselos	Confiésalo
Callaros	Cógelo
Pídanlo	Cerradlas
Vénganse	Diviértete
Repetidlo	Ciérrelo
Dímelo	Pónganselas
Házmelo	Esperadme
Váyanse	Véalo
Vendedlo	Escríbelo

191. Úsense las palabras TODO o NADA en las siguientes frases

1. Me gusta ......
2. No le divierte ......
3. ...... de lo que dijiste era verdad.
4. ¡Muchas gracias! - ¡De ......!
5. Creo que ya tengo ...... arreglado.
6. Ante ......, debemos tener paciencia.
7. Es muy ambicioso; no se conforma con ......
8. Me parece que no está muerto del ......
9. De ...... sirve gritar si nadie nos escucha.
10. Te estoy muy agradecido por ......

192. Explique el significado de los siguientes modismos y utilícelos en frases

Faltar a clase
Darse cuenta de algo
Tomar el pelo a alguien
Meter la pata
Estar en las nubes
Ir de juerga

Apuntes de clase

unidad 38

193. Rellene los puntos con el tiempo adecuado de subjuntivo

1. Quiero que (tú ponerte) ...... el sombrero nuevo.
2. Preferiría que me lo (ellos enviar) ...... a casa.
3. Nos mandaron que (nosotros llevar) ...... este paquete.
4. Les encargué que (ellos comprar) ...... jamón serrano.
5. ¿Me permite Vd. que (yo fumar) ......?
6. La huelga de autobuses impidió que (nosotros ir) ...... a trabajar.
7. Dejé que (ellas hacer) ...... lo que quisieran.
8. Nos alegramos de que (vosotros encontrarse) ...... bien.
9. Me extraña que no (ellos haber) ...... contado nada de lo ocurrido.
10. Sentimos mucho que no (Vd. haber) ...... sacado la oposición.

194. Rellene los puntos con el tiempo adecuado de subjuntivo

1. He ordenado a mi secretaria que (pasar) ...... a limpio esta carta.
2. Tiene miedo de que (cambiar) ...... la situación.
3. Le gusta mucho que le (ellos traer) ...... el desayuno a la cama.
4. Siempre me molesta que (ellos empujar) ...... en el metro.
5. Dudo que (ella saber) ...... tanto como dice.
6. A esa chica le fastidia que le (echar) ...... piropos por la calle.
7. Esperamos que (Vd. acordarse) ...... de nosotros.
8. Le pedí que me (dar) ...... su número de teléfono.
9. Me sorprendió mucho que (estar) ...... la casa vacía.
10. No le apetecía que (nosotros salir) ...... juntos.

195. Partículas que exigen siempre subjuntivo. Rellene los puntos con el tiempo adecuado

1. Debes ir *a que* te (ver) ...... el médico.
2. Ahí te dejo mi perro *para que* lo (tú cuidar) ...... mientras estoy fuera.
3. Tuve que irme *sin que* me (ellos dar) ...... el dinero que me debían.
4. Me conformo *con que* me lo (tú traer) ...... mañana.
5. No iré al bautizo, *a menos que* me (ellos enviar) ...... una invitación.
6. La Universidad ha ofrecido este año un gran número de becas *a fin de que* nadie (carecer) ...... de una educación adecuada por falta de medios económicos.
7. Vamos a todas las exposiciones, *a no ser que* (nosotros estar) ...... muy ocupados.
8. Te lo digo *para que* (tú enterarse) ......

196. Rellene los puntos con la preposición adecuada

1. Mañana salimos ...... excursión.
2. Se hizo rico ...... un día gracias a la lotería.
3. ¿Cuánto cuesta el libro ...... matemáticas?
4. Pasó cinco años ...... los Estados Unidos.
5. ...... lo mejor cambia el tiempo.
6. Vamos ...... mal ...... peor.
7. Este hombre sabe ...... todo.
8. En casa estamos ...... luto.
9. ¿No hablará Vd. ...... serio?
10. Te espero ...... la salida ...... la clase para ir a tomar un chato.

197. Rellene los puntos con el verbo específico que necesite el contexto

1. La noticia me ...... una gran sorpresa.
2. ¿Cuántos años le ...... Vd. a su hermano?
3. Cuando truena, (ellos) ...... mucho miedo.
4. Lo siento, pero no he podido ...... el accidente.
5. Juan debe de ...... de vacaciones.
6. Voy a ...... mi dimisión ahora mismo.
7. Hay que ...... una decisión.

8. La casa Seat ha ...... un nuevo modelo de automóvil.
9. No me gusta ese chico; siempre está ...... palabrotas.
10. ¡Adiós, tengo que ...... con mi obligación!

198. Explique el significado de los siguientes modismos y utilícelos en frases

Armar jaleo.
Llevar chuletas a un examen.
Tener cara dura.
Poner por las nubes algo (a alguien).
Llevar la contraria a alguien.
Estar con el agua al cuello.

unidad 39

199. Rellene los puntos con la forma adecuada del presente o imperfecto de subjuntivo del verbo HABER, según requiera el contexto

1. Quien ...... escrito esto, que lo diga.
2. Si lo ...... sabido, no habría venido.
3. No confío en que ellos ...... pagado todo.
4. Fue una pena que él ...... esperado tanto tiempo.
5. Me extraña que Vd. ...... suspendido el examen.
6. No nos había gustado que ella ...... ido a patinar sin decírnoslo.
7. Quizá (él) ...... venido, pero no le he visto.
8. Si ...... llovido más, estarían los campos más verdes.
9. ¿Es posible que tú ...... dicho eso?
10. Sería ridículo que ...... fantasmas en ese castillo.

200. Subjuntivo en frases independientes. Rellene los puntos con el tiempo adecuado del verbo entre paréntesis. ¡Ojo!, algunos ejemplos necesitan indicativo

1. Quizá (nevar) ...... el próximo fin de semana.
2. ¡Ojalá (terminar) ...... pronto esta conferencia!
3. A lo mejor le (yo ver) ...... esta tarde.
4. ¡Quién (poder) ...... vivir en ese palacio!
5. Tal vez (él ser) ...... millonario, pero no lo parece.
6. A lo mejor (nosotros salir) ...... esta noche.
7. ¡Que Vd. (divertirse) ......!
8. ¡Ojalá (yo hablar) ...... ruso!, porque ahora me hace mucha falta.
9. (Él estudiar) ...... quizá más, pero no es tan inteligente como ella.
10. ¡Que (aprovechar) ......!
11. ¡Quién (tener) ...... dieciocho años ahora!
12. ¡Hasta mañana, que (tú descansar) ......!
13. ¡Ojalá (nosotros llegar) ...... a tiempo para despedirle!

***201. De acuerdo con la estructura de la frase modelo («sea» quien «sea», que espere), haga frases con las siguientes partículas utilizando el verbo entre paréntesis**

1. (Vd. decir) ...... lo que ......
2. (Él estar) ...... donde ......
3. (Ella vestirse) ...... como ......
4. (Cantar) ...... quien ......
5. (Vds. ir) ...... cuando ......
6. (Nosotros trabajar) ...... o no ......
7. (Costar ello) ...... lo que ......
8. (Vosotros vivir) ...... donde ......

202. Rellene los puntos con la preposición adecuada

1. Venga Vd. ...... casa ...... la hora de comer.
2. Estamos ...... vacaciones.
3. La uva se recoge ...... últimos ...... septiembre.
4. Había un gato ...... el tejado.
5. Se tiró ...... cabeza al agua.
6. Me gustan las patatas fritas ...... la inglesa.
7. Las naranjas están ...... diez pesetas el kilo.
8. ...... Galicia hay mucho marisco.
9. Yo soy ...... Madrid.
10. ...... Madrid ...... Sevilla hay 500 km.

203. Forme frases con las siguientes expresiones

A la izquierda.
Por cierto.
Por lo menos.
De pronto.
A fines de.
A continuación.
Por ahora.
A lo mejor.
A la derecha.
A propósito.
A principios de.
A lo lejos.

204. Explique el significado de los siguientes modismos y utilícelos en frases

Tener facilidad de palabra.
Ser un paleto.
Meter baza en algo.
Escurrir el bulto.
Llevarse un disgusto.
Poner pegas.

Apuntes de clase

unidad 40

205. Oraciones condicionales. Rellene los puntos con el tiempo adecuado de los verbos entre paréntesis

1. Si (yo tener) ...... tiempo, iré a visitarte.
2. Si (tú fumar) ...... menos, te sentirías mejor.
3. Si lo (yo haber) ...... sabido, no hubiera venido.
4. Si no (vosotros poner) ...... más interés, vais a tener un disgusto.
5. Si no (Vd. gastar) ...... menos, nunca ahorrará nada.
6. Te dije que si yo hubiera podido, (haber) ...... comprado el regalo.
7. Si le (tú ver) ......, dile que le ando buscando.
8. Si bailase mejor, (yo salir) ...... con él más a menudo.
9. Si me lo (ella pedir) ......, se lo doy.
10. Si pusieras la calefacción, (tener) ...... menos frío.

206. Oraciones condicionales. Rellene los puntos con el tiempo adecuado de los verbos entre paréntesis

1. Te lo presto siempre que lo (tratar) ...... bien.
2. Como ya (ser) ...... tarde, se marcharon.
3. Si él (ser) ...... un poco más simpático, tendría más éxito en la vida.
4. Como no (ella estar) ...... aquí antes de las diez, mañana no la dejaré salir.
5. Saldremos de excursión con tal de que no (llover) ......
6. Si (tú portarse) ...... bien, te llevo al circo mañana.
7. Como no (tú portarse) ...... bien, no te llevaré de paseo.
8. Si Vd. (esperar) ...... un poco más, lo habría visto.

*207. Rellene los puntos con la forma adecuada del verbo entre paréntesis. Fíjese en la correspondencia de tiempos

1. Si (llover) ......, no *saldremos* (salimos).
2. Si (llover) ......, no *saldríamos.*
3. Si (llover) ......, no *hubiéramos (habríamos) salido.*
4. Como (llover) ......, no *saldremos (salimos)*.
5. Como (llover) ......, no *salimos* (pret. indefinido).
6. Como (llover) ......, no *hemos salido.*

*208. Escríbase el acento sobre las palabras en cursiva que lo necesiten

1. Tengo *que* estudiar.
2. ¿*Cual* de los dos prefiere Vd.?
3. Siempre iban *donde* les decían.
4. Venga Vd. *cuando* quiera.
5. No sé *como* ha sucedido esto.
6. La chica de la *cual* te he hablado es muy bonita.
7. ¿*Que* le parece?
8. ¿Por *donde* se va a la Plaza Mayor?
9. Me preguntó *cuando* terminaba.
10. *Como* llegó tarde, no pudo cenar.

209. Léanse las siguientes operaciones aritméticas

1. $2+2=4$
2. $5-3=2$
3. $4\times4=16$
4. $12:4=3$
5. $7+7=14$
6. $9-1=8$
7. $10\times5=50$
8. $56:8=7$

210. Explique el significado de los siguientes modismos y utilícelos en frases

Estar de luto.
Ser un pelmazo.
Quedar con alguien.
Tener ganas (de).
Ser un aguafiestas.
Decir tacos.

unidad 41

211. Rellene los puntos con el tiempo de indicativo o de subjuntivo que exija el contexto

1. Es una lástima que no (vosotros poder) ...... acompañarnos.
2. Era necesario que (ellos presentar) ...... su carnet de identidad.
3. Es obligatorio que (Vds. firmar) ...... estos papeles.
4. Era evidente que no (él hablar) ...... francés.
5. Es lógico que (ella estar) ...... cansada.
6. Fue una pena que no lo (vosotros comprar) ......
7. Es cierto que (él faltar) ...... a clase mucho.
8. En aquella época era normal que la gente no (tener) ...... muchas comodidades.
9. Es muy importante que (Vds. aprender) ...... el subjuntivo.
10. Es horrible que (haber) ...... guerras.

212. Ejercicio sobre la partícula SI. Rellene los puntos con el tiempo correspondiente de indicativo o de subjuntivo

1. No sé si (ser) ...... cierto, pero te creo.
2. ¿Sabe Vd. si (él tener) ...... novia?
3. Si (ella hacer) ...... más deporte, estaría más en forma.
4. ¡Cómo iba a verle si no (él estar) ...... nunca!
5. Si (tú estar) ...... allí, lo habrías visto.
6. No estaba seguro si (él ser) ...... francés o inglés.
7. ¿Qué haría yo si no (ser) ...... por ti?
8. No sabemos si (ellos venir) ...... esta tarde.
9. ¿No recuerda Vd. si le (él dar) ...... el recado?
10. Me pregunto si ya (ellas llegar) ......

213. Rellene los puntos con el tiempo adecuado de indicativo o de subjuntivo de los verbos entre paréntesis. Algunos ejemplos, en la negación, admiten ambos modos

1. Ya veo que (tú) no (tener) ...... ganas de hablar.
2. He oído decir que (él) (estar) ...... malo estos últimos días.
3. No veo que esto (ser) ...... importante.
4. No sabía que (tú beber) ...... coñac.
5. Comprendemos que (ellos tener) ...... razón.
6. Suponían que (nosotros ser) ...... amigos.
7. No recuerdo que me lo (él haber) ...... dicho.
8. He notado que (ella estar) ...... pálida.
9. Respondió que (él) no (saber) ...... nada.
10. Ya sé que los precios (haber) ...... subido.
11. No comprendo que (tú intentar) ...... engañarme.
12. No suponía que (él llegar) ...... tan temprano.
13. No he notado que (tú haber) ...... adelgazado.
14. Había observado que la gente le (mirar) ......
15. No he observado que (haber) ...... cambiado mucho el panorama.

214. Termine las siguientes frases con la preposición adecuada y otro verbo en infinitivo

1. Siempre acostumbra ......
2. ¡Anímate ......
3. Se arrepintió ......
4. Nos cansamos ......
5. Hemos dejado ......
6. Por fin se decidió ......
7. Presume ......
8. He tratado ......
9. Soñaba ......
10. Tarda mucho ......

*215. Rellene los puntos con el verbo específico que necesite el contexto

1. ¡Escucha, ya están ...... las doce!
2. El coche ...... contra un árbol.
3. Quiero ...... le una visita, pero no está en casa.
4. Ese niño ...... mucha guerra.

5. ¿Has observado que Leopoldo ...... mucho cuento?
6. Tiene 50 años, pero ...... muchos menos.
7. Me cogió la lluvia en medio del campo y me ...... hasta los huesos.
8. ¿Qué ...... en el cine Princesa esta semana?
9. Estamos muy apretados; ¿quiere Vd. ...... un poco a la derecha?
10. Este flan ...... a caramelo.

Apuntes de clase

unidad 42

216. Rellene los puntos con el tiempo de indicativo o de subjuntivo que exija el contexto

1. Está claro que (él preferir) ...... vivir solo.
2. No está claro que (él preferir) ...... vivir solo.
3. Era verdad que les (haber) ...... tocado la lotería.
4. No era verdad que les (haber) ...... tocado la lotería.
5. Es cierto que (ella tener) ...... diez hermanos.
6. No es cierto que (ella tener) ...... diez hermanos.
7. Era seguro que (ellos irse) ...... de vacaciones a Italia.
8. No era seguro que (ellos irse) ...... de vacaciones a Italia.
9. Es evidente que (Vd. tener) ...... mucha paciencia.
10. No es evidente que (Vd. tener) ...... mucha paciencia.

*217. Transfórmense estas frases según el modelo

Nos mandaron *que lleváramos* este paquete=nos mandaron *llevar* este paquete

1. ¿Me permite Vd. que fume?
2. La huelga de autobuses (nos) impidió que fuéramos a trabajar.
3. (Les) dejé que ellas hicieran lo que quisieran.
4. (Le) he ordenado a mi secretaria que pase a limpio esta carta.
5. (Nos) hizo que nos limpiáramos los zapatos.
6. Permítame que le explique lo ocurrido.
7. Nos prohibió que fuésemos a la manifestación.
8. No te consiento que vayas.

*218. Rellene los puntos con la forma adecuada del verbo entre paréntesis. Fíjese en la correspondencia de tiempos

1. Dice que *cuando* (él llegar) ...... a casa, *se quitó* los zapatos.
2. Dice que cuando (llegar) ...... a casa, *se quita* los zapatos.
3. Dice que cuando (llegar) ...... a casa, *se quitará* los zapatos.
4. Dice que cuando (llegar) ...... a casa, *se quitaría* los zapatos.
5. Dice que *aunque* (llegar) ...... a casa, no *se quitó* los zapatos.
6. Dice que aunque (llegar) ...... a casa, no *se quita* los zapatos.
7. Dice que aunque (llegar) ...... a casa, no *se quitará* los zapatos.
8. Dice que aunque (llegar) ...... a casa, no *se quitaría* los zapatos.

219. Conteste a las siguientes preguntas, repitiendo el verbo en 1.ª persona

1. ¿A qué hora se levanta Vd.?:
2. ¿A qué hora desayuna Vd.?:
3. ¿A qué hora entra Vd. a trabajar?:
4. ¿A qué hora sale Vd. de trabajar?:
5. ¿A qué hora come Vd.?:
6. ¿A qué hora merienda Vd.?:
7. ¿A qué hora cena Vd.?:
8. ¿A qué hora ve Vd. la televisión?:
9. ¿A qué hora se acuesta Vd.?:
10. ¿A qué hora toma Vd. el aperitivo?:

*220. Explique el significado de las siguientes frases

1. A ese niño le gusta mucho hacer novillos.
2. Este año se lo han cargado en dos asignaturas.
3. Cuando le dije aquello se quedó con la boca abierta.
4. Anoche no pude pegar un ojo.
5. ¡Tranquilícese! ¡No pierda los estribos!
6. En una situación así hay que jugarse el todo por el todo.
7. ¡No se preocupe Vd. por mí!; ya me las arreglaré como pueda.
8. Se las da de listo, pero es un ceporro.

Apuntes de clase

unidad 43

221. Rellene los puntos con el tiempo de indicativo o de subjuntivo que exija el contexto

1. En cuanto (tú llegar) ...... a Granada, busca alojamiento.
2. En cuanto (él llegar) ...... a Granada, buscó alojamiento.
3. Hasta que no (Vd. terminar) ...... de comer, no se levante de la mesa.
4. Hasta que no (ellos terminar ...... de comer, no se levantaron de la mesa.
5. Mientras (él estudiar) ......, no le gusta oír música.
6. Mientras (tú estudiar) ......, no oigas música.
7. Siempre que (ella venir) ...... a Madrid, me trae un regalo.
8. Siempre que (tú venir) ...... a Madrid, tráeme un regalo.
9. En cuanto lo (yo saber) ...... te lo comunicaré.
10. Le dije que hasta que no (él merendar) ...... no vería la televisión.

222. Formas generalizadoras. Rellene los puntos con el tiempo adecuado de indicativo o de subjuntivo

1. Habla tan de prisa que no hay quien le (entender) ......
2. ¿No hay nada que no (saber) ...... ese tipo?
3. Quien no (haber) ...... entendido, que (levantar) ...... la mano.
4. Los que (llegar) ...... tarde, no pudieron entrar.
5. El que de verdad (entender) ...... de política es Pedro.
6. Podrán entrar todos los que (haber) ...... pagado.
7. ¿Hay alguien aquí que (hablar) ...... chino?
8. Necesito una chica que (tener) ...... experiencia en cuidar niños.
9. El que (tener) ...... una manta de sobra, que la traiga.
10. En cualquier sitio que le (yo ver) ......, le reconoceré.
11. Debes comprar un bolígrafo que (escribir) ...... mejor que éste.
12. Todos los que (llegar) ......, se quitaban el abrigo.
13. Todos los que (venir) ......, serán bien recibidos.

14. En casi todas las fiestas, siempre hay alguno que (meter) ...... la pata.
15. ¿Tiene Vd. alguna cosa más que (yo poder) ...... llevarme?

*223. Transforme la parte en cursiva de las siguientes frases según el modelo

Después de *que ellos se marchen,* me iré yo = Después de *marcharse* ellos, me iré yo.

1. Antes de *que me lo dijeran,* ya lo sabía.
2. Con tal *de que (yo) coma* bien, pago lo que sea.
3. En caso de *que no encuentres* la calle, pregúntale a un guardia.
4. Le dije que después de *que saliéramos* del cine, iríamos a tomar unos chatos.
5. Antes de *que entren* los demás, saldré yo.
6. Con tal de *que no hagan* ruido, pueden Vds. hacer lo que quieran.
7. En caso de *que llegue* tarde, llame Vd. al sereno.
8. Me dijo que después de *que lo comprara,* me lo enviaría.

224. Rellene los puntos con la preposición adecuada

1. Nos veremos ...... la una de la tarde.
2. Me gusta más viajar ...... barco que ...... avión.
3. ¿...... dónde es Vd.?
4. Llegaremos ...... Bilbao ...... medianoche.
5. ¡Qué bonitos son los árboles ...... este parque!
6. La situación ...... el Oriente Medio está cada día más complicada.
7. ¿Quiere Vd. darme un vaso ...... agua?
8. Te llevaré ...... la estación ...... mi coche.
9. Ahora mismo acabamos ...... verle.
10. Antonio es muy ancho ...... espaldas.

225. Haga frases con las siguientes palabras, mostrando claramente la diferencia de significado

traje - uniforme - smoking
gabardina - abrigo - impermeable
chaqueta - jersey
pijama - camisón
pez - pescado

esquina - rincón
boca - pico
pata - pierna

226. Explique el significado de las siguientes frases con el verbo HACER

1. Hacía la compra todos los días por la mañana.
2. A nadie le gusta hacer el ridículo.
3. No te hagas el sueco y contesta a lo que te pregunto.
4. ¡Pórtate bien y no hagas el tonto!
5. ¿A quién le toca hacer la cena hoy?
6. Si no puede venir, ¡qué le vamos a hacer!
7. Es una presumida; se hace un vestido cada dos semanas
8. Mañana tengo que hacer dos exámenes.

Apuntes de clase

unidad 44

227. Póngase el tiempo adecuado de subjuntivo o de indicativo en las siguientes frases

1. La próxima vez que te (yo ver) ...... haciendo eso, se lo digo a tu madre.
2. Que yo (saber) ......, nadie ha reclamado todavía este bolso.
3. No quiso decírmelo a pesar de que lo (él saber) ......
4. Se empeñó en que (nosotros dormir) ...... en su casa.
5. El que (ellos gastar) ...... mucho, no quiere decir que tengan dinero.
6. Por mucho que (tú insistir) ......, no me convencerás.
7. Cada vez que (yo beber) ...... ginebra, me duele la cabeza.
8. Como (ella ser) ...... muy mona, tenía muchos admiradores.
9. No me extraña que le (ella querer) ...... tanto, porque era muy buen marido.
10. Lo más probable es que ahora (ellos estar) ...... viajando por el norte de Europa.

228. Póngase el tiempo adecuado de subjuntivo o de indicativo en las siguientes frases

1. Avíseme en cuanto llegue, por muy tarde que (ser) ......
2. No es que Antonia (ser) ...... fea, pero es un poco sosa.
3. En la primera ocasión que (tú tener) ......, mándame eso.
4. La última vez que le (yo ver) ...... fue en Chicago.
5. Puesto que ya lo (Vd. saber) ......, ¿por qué me lo pregunta?
6. Ya que (nosotros tener) ...... esta oportunidad, aprovechémosla.
7. Desde que Rosita (salir) ...... con ese chico, nos ha olvidado por completo.
8. Lo lógico es que (vosotros empezar) ...... por el principio.
9. ¡Disculpadme! ; voy a comer porque (yo tener) ...... mucha hambre.
10. No fumaba marihuana porque le (él gustar) ......, sino porque estaba de moda.

229. Escríbase el acento sobre las palabras en cursiva que lo necesiten

1. ¡*Cuanto* me gusta eso!
2. No voy *porque* no tengo dinero.
3. La que más me gusta es *esta*.
4. ¡*Que* lástima!
5. Ésta es *mi* casa.
6. *Esa* ciudad es muy grande.
7. ¡*Quien* fuera millonario!
8. Me acuerdo de *aquel* día.
9. ¿Por *qué* no has llamado por teléfono?
10. *Esta* tarde voy de compras.
11. En *cuanto* llegue, avíseme.
12. ¡*Que* vengas aquí!
13. *Aquella* es la mía.
14. *Esa* era mi preferida.
15. Esto es para *mi*.

230. Conteste a las siguientes preguntas

1. ¿Qué edad tiene Vd.?:
2. ¿Cuánto mide Vd.?:
3. ¿A qué distancia vive Vd. de la Universidad?:
4. ¿Cuántos metros dè ancho tiene su calle?:
5. ¿Cuántos años tiene su abuela?:
6. ¿Qué altura tiene la torre Eiffel?:
7. ¿Cuántos metros de largo tiene su habitación?:
8. ¿Cuántos kilómetros de longitud tiene el río Nilo?:
9. ¿Cuánto mide este trozo de tela?:
10. ¿A qué distancia está la Puerta del Sol?:

*231. Explique el significado de las siguientes frases

1. Esta noche vamos a echar una cana al aire.
2. No leas ese libro que es un rollo.
3. No le perdonaré nunca la faena que me ha hecho.
4. El teatro estaba de bote en bote.
5. Esta vez me toca a mí pagar la consumición.
6. ¡Haz lo que quieras!; ¡me da lo mismo!
7. ¡Señores! Esto está más claro que el agua.
8. ¡Huy, huy, huy! Eso me da muy mala espina.

Apuntes de clase

unidad 45

232. Ejercicio de recopilación. Escríbase el tiempo adecuado de subjuntivo o de indicativo en las siguientes frases

1. Puede Vd. tomar lo que (querer) ......
2. Cualquiera que lo (ver) ......, no lo creería.
3. Le aconsejo que lo (meditar) ...... antes de tomar una decisión.
4. Tomás quería evitar que (ella hacer) ...... una tontería.
5. Comprenderá Vd. que no (yo querer) ...... molestarle, pero no tengo otra alternativa.
6. Es casi seguro que le (tú ver) ...... si te asomas a la ventana.
7. Hemos notado que (Vd. tener) ...... el reloj parado.
8. Me alegro de que (tú haber) ...... aprobado el examen.
9. Se negó a que (nosotros utilizar) ...... su secador.
10. Cuando me (Vds. necesitar) ......, llámenme.

233. Ejercicio de recopilación. Escríbase el tiempo adecuado de subjuntivo o de indicativo en las siguientes frases

1. Les dije que se (ellos dar) ...... prisa.
2. Es una vergüenza que la (ellos haber) ...... dejado sola.
3. Tenía mucha libertad, aunque (ella vivir) ...... con sus padres.
4. Hasta que no (ellos llegar) ...... no me quedé tranquilo.
5. ¡Muchas gracias! No es necesario que (Vd. molestarse) ......
6. ¡Oye! A lo mejor te (yo hacer) ...... una visita este verano.
7. Puede que mañana (yo ir) ...... a la piscina.
8. Los que (querer) ...... venir a la excursión, que lo comuniquen en secretaría.
9. No hay quien (poder) ...... con este niño.
10. ¿Alguno de Vds. sabe lo que (haber) ...... pasado aquí?

234. Conteste a las siguientes preguntas negativamente

1. ¿Hay alguien aquí?:
2. ¿Tienes algo que hacer?:
3. ¿Habéis ido alguna vez al Polo Norte?:
4. ¿Tienen Vds. alguna habitación libre en el hotel?:
5. ¿Quiere Vd. algo más?:
6. ¿Vive Vd. siempre en el campo?:
7. ¿Se ducha Vd. alguna vez después de comer?:
8. ¿Ha venido alguien esta mañana?:
9. ¿Tenéis algunas revistas extranjeras?:
10. ¿Te contó algo interesante?:

235. Fechas. Conteste a las siguientes preguntas

1. ¿A cuántos estamos hoy?:
2. ¿En qué fecha nació Vd.?:
3. ¿Cuándo empiezan sus vacaciones de verano?:
4. ¿Qué día del mes fue ayer?:
5. ¿Cuándo es su cumpleaños?:
6. ¿En qué fecha cae la Semana Santa este año?:
7. ¿En qué fecha se casaron sus padres?:
8. ¿Cuándo se celebra el día de San Valentín?:
9. ¿Qué día es su santo?:
10. ¿Cuál es la fecha del descubrimiento de América?:

236. Rellene los puntos con la preposición adecuada

1. Este chisme es útil ...... calentar el agua.
2. Estoy harto ...... comer ensalada todos los días.
3. ¿Está Vd. listo ...... salir de viaje?
4. Sus ideas son difíciles ...... entender.
5. Es una bebida imposible ...... encontrar en España.
6. No estamos acostumbrados ...... ducharnos con agua fría.
7. Estaba muy satisfecho ...... su conducta.
8. Era opuesto ...... toda clase de reformas.
9. ¿Cree Vd. que esto es fácil ...... hacer?
10. Iban acompañados ...... sus respectivas esposas.

*237. Explique el significado de las siguientes frases

1. No lo hago porque no me da la gana.
2. A mí ese chico no me hace tilín.
3. ¡Pero bueno!, ¡vamos a ver!, ¿en qué quedamos?
4. ¡Ahora fastídiate!; ¡lo merecías!
5. Me parece que esto se está poniendo muy feo.
6. No te puedo asegurar nada porque todavía está todo en el aire.
7. Se lió a bofetadas con los que estaban allí.
8. Se armó la gorda y tuve que salir pitando.

Apuntes de clase

unidad 46

238. Ponga las siguientes frases en la voz activa

1. El niño fue mordido por un perro.
2. La casa fue destruida por el fuego.
3. Esta mañana, el señor Pérez ha sido nombrado presidente de la empresa por todos los consejeros.
4. Ese torero había sido cogido por el toro varias veces.
5. Éste es un libro muy leído por la gente joven.
6. El ministro fue asesinado por un loco.
7. Este coche será muy bien acogido por el público.
8. Sus palabras eran esperadas con impaciencia por todo el mundo.

239. Repita las siguientes frases empleando la partícula SE y el verbo en la voz activa

1. El aeroplano fue inventado a principios de siglo.
2. Su último discurso ha sido muy comentado.
3. Estas casas fueron construidas el año pasado.
4. Estos cañones habían sido hechos para la guerra del 14.
5. El fondo de los mares todavía no ha sido totalmente explorado.
6. Estos coches son revisados con mucho cuidado.
7. Esos trajes ya han sido enviados a la tintorería.
8. El problema tiene que ser estudiado muy a fondo.

240. Ponga los verbos entre paréntesis en el tiempo y persona de indicativo que correspondan a las siguientes frases

1. El año que viene se (vender) ...... muchos coches.
2. Hace diez años, se (comer) ...... más pan que ahora.
3. Se (alquilar) ...... pisos.
4. En un futuro muy próximo, se (establecer) ...... bases en la Luna.

5. En el año 1940, se (inaugurar) ...... este monumento.
6. Se (hablar) ...... inglés y francés.
7. Se (decir) ...... que está separada de su marido.
8. Se (prohibir) ...... pisar el césped.

241. De las dos formas entre paréntesis, utilice la que pide el sentido de la frase. Algunas de estas frases admiten las dos posibilidades

1. Esta carta (fue escrita - se escribió) por mi secretaria.
2. En mi casa (es servida - se sirve) la comida a las dos.
3. En la oficina (eran recibidos - se recibían) periódicos todos los días.
4. La Universidad (fue cerrada - se cerró) en enero.
5. El paquete (ha sido enviado - se ha enviado) por correo aéreo.
6. Los portales (son abiertos - se abren) a las siete de la mañana.
7. Esa canción (ha sido premiada - se ha premiado) en el último festival europeo.
8. El cuadro (fue adquirido - se adquirió) por un millonario.
9. En España (son leídos - se leen) muchos libros extranjeros.
10. El ladrón (fue detenido - se detuvo) el martes pasado.

242. Explique el significado de los siguientes modismos y utilícelos en frases

Ser un gamberro.
Mandar a paseo a alguien.
Dar guerra.
Hacer las paces.
Ser un infeliz.
Ser un hueso.

unidad 47

243. Rellene los puntos con la partícula adecuada, teniendo en cuenta que algunas frases admiten dos partículas

1. Es ...... curiosa que siempre escucha todas las conversaciones.
2. ¡Qué jardín ...... precioso!
3. Su marido es ...... celoso ...... no la deja salir de casa.
4. Era un muchacho ...... inocente que todos se reían de él.
5. ¡Qué novia ...... guapa tiene!

244. Rellene los puntos con la partícula adecuada

1. Cuanto ...... duermo, más sueño tengo.
2. ...... los amigos como los clientes le estimaban mucho.
3. Cuanto menos trabaje, ... le pagarán.
4. Tanto tú ...... yo lo hemos pasado muy mal en la vida.
5. Cuanto ...... bebo, más me apetece beber.
6. Le respetaban ...... sus amigos como sus enemigos.
7. Esto es útil tanto para ti ...... para mí.
8. Cuanto más borracho está, ... ganas tiene de cantar
9. ...... antes venga, mejor.
10. Tanto Juan ...... Antonio están equivocados.

245. Sustituya con una sola forma las palabras en cursiva

Ejemplo: *muy bueno*=*buenísimo.*

1. Sus padres son *muy ricos.*
2. Su abuela era *muy simpática.*
3. Estoy *muy contento.*
4. Llegó *muy puntual.*
5. Esto es algo *muy normal.*

6. Era una mujer *muy guapa.*
7. Estaba *muy cansado.*
8. Era una obra *muy aburrida.*
9. El flan estaba *muy dulce.*
10. Llevas un vestido *muy feo.*

246. Formen los diminutivos, aumentativos y despectivos de las siguientes palabras

Ejemplo: *Pequeño (diminutivo) = pequeñito.*

1. Grande (aumentativo).
2. Casa (despectivo).
3. Café (diminutivo).
4. Dulce (despectivo).
5. Despacio (diminutivo).
6. Patata (diminutivo).
7. Mujer (aumentativo).
8. Papel (despectivo).
9. Nariz (diminutivo).
10. Blanco (despectivo).

247. Rellene los puntos con la preposición adecuada

1. Nos han invitado ...... la fiesta.
2. Me conformo ...... salir una vez a la semana.
3. Está empeñado ...... hacernos la vida imposible.
4. Tardó mucho ...... llegar.
5. No te preocupes ...... nosotros.
6. Por fin se decidieron ...... comprar el apartamento.
7. ¿Quién se encarga ...... sacar las localidades?
8. Todavía no nos hemos acostumbrado ...... las horas de las comidas.
9. Siempre se está quejando ...... todo.
10. ¡No se ría Vd. ...... mí, haga el favor!

*248. Explique el significado de las siguientes frases

1. A nadie le gusta hacer el primo.
2. En casos así es mejor hacer la vista gorda.
3. Me contó toda la historia con pelos y señales.
4. No consigo adivinarlo; me rindo.
5. Tuve que devanarme los sesos para solucionar el problema.
6. Sé que vino a verme, pero daba la casualidad de que había salido.

unidad 48

***249. Formen los diminutivos, aumentativos y despectivos de las siguientes palabras**

1. Máquina (diminutivo).
2. Caliente (despectivo).
3. Pedro (diminutivo).
4. José (diminutivo).
5. Bueno (aumentativo).
6. Triste (despectivo).
7. Corazón (diminutivo).
8. Hombre (aumentativo).
9. Cuchara (diminutivo).
10. Cama (despectivo).

250. Léanse las siguientes frases

1. Sólo la 1/4 parte de la población española vive en el campo.
2. Estamos en la 2.ª mitad del siglo XX.
3. El último rey español fue Alfonso XIII.
4. No tengo que utilizar el ascensor porque vivo en el 2.º piso.
5. A las nueve de la mañana estábamos a 0º.
6. Pablo VI es el Papa actual.
7. La máxima de hoy ha sido de 16º.
8. Hoy es 15 de agosto.
9. Hace una semana celebraron el 5.º aniversario de su boda.
10. El boxeador cayó en el 10.º asalto.

*251. Ponga en forma negativa las siguientes frases

1. ¡Ah! ¿Pero tú sabías algo?
2. Alguien ha entrado en mi cuarto.
3. Siempre está de broma.
4. Todo le parece mal.
5. Creo que ha estado alguna vez en la cárcel.
6. ¿Tenéis algunas postales de Sevilla?
7. Todo el mundo lo sabía.
8. Todos ellos llegaron en punto.
9. Me parece que tiene algo contra mí.
10. ¿Te vas con alguien de viaje?

252. Elimine la forma del posesivo que considere innecesaria

1. Ese camión era *suyo de él.*
2. Los cepillos de dientes son *suyos de ellos.*
3. Esto no es mío, sino *suyo de Vd.*
4. Aquel impermeable era *suyo de ella.*
5. La nevera no era nuestra, sino *suya de Vds.*
6. Estos bocadillos no son de Vds., sino *suyos de ellas.*

253. Explique el significado de los siguientes modismos y utilícelos en frases

Tener resaca.
Poner los puntos sobre las íes.
Dar en el clavo.
Ir al grano.
No tener pelos en la lengua.
Tener enchufe.

*254. Explique el significado de las siguientes frases

1. Al final siempre se sale con la suya.
2. ¡Déjalo en paz! ¡No te metas con él!
3. Estaba borracho como una cuba.
4. El vaso se cayó y se hizo añicos.
5. Su contestación nos dejó helados.
6. Si sigue hablando mal de mí tendrá que vérselas conmigo.
7. ¿Qué tal te va? Voy tirando.
8. Lo pagamos a medias y así nos sale más barato.

Apuntes de clase

unidad 49

255. Cambie la posición de los pronombres en cursiva, conservando la corrección gramatical de la frase

1. *Te lo* puedes comprar mañana.
2. *Se lo* quiero decir yo mismo.
3. *Nos lo* estaban haciendo a toda prisa.
4. *Me la* tendrá que dar tarde o temprano.
5. *Os lo* iba a decir.
6. *Se lo* debe comunicar cuanto antes.
7. *Me* estaba engañando continuamente.
8. Su hermano *le* viene a ver todos los días.
9. *Me lo* está repitiendo a cada paso.
10. *Te* quiero ver aquí a la hora en punto.

***256. Sustitúyase la forma LE-S por LO-S donde sea posible, sin cambio de significado**

1. *Le* vi en el cine (a Juan).
2. *Le* he dado la noticia (a ella).
3. *Le* puse una tarjeta ayer (a Pedro).
4. *Les* oí hablar de ti (a tus hermanos).
5. *Les* compré el coche por 50.000 ptas. (a ellas).
6. *Le* he observado con mucho cuidado (a Enrique).
7. *Les* dije que habías llegado (a tus padres).
8. *Le* regalé un collar (a mi novia).
9. *Les* comprendo muy bien (a Vds.).
10. *Le* conté un cuento (a mi hija).

*257. Colóquese el pronombre personal redundante apropiado en las siguientes frases

1. A ...... no le habíamos dicho nada.
2. ...... dices a mamá que no me espere a comer hoy.
3. Es un muchacho muy listo; ...... sabe todo.
4. A ...... no nos gustan los líos.
5. Antonio ...... vio todo y no comentó nada.
6. A ...... estas cosas no me parecen bien.
7. ¿...... regalaste algo a tus padres?
8. A ...... les encantan las fresas.
9. ...... presté unos discos a mi sobrino.
10. ...... lo ha contado a ti.

258. Rellene los puntos con la preposición adecuada

1. Le di las gracias ...... el favor que me hizo.
2. Tengo muchas ganas ...... bañarme en el mar.
3. El tren tardó mucho ...... llegar.
4. Diariamente muere mucha gente ...... hambre en el mundo.
5. Estaba muy contenta ...... su nuevo abrigo.
6. Tú no eres capaz ...... hacerlo.
7. El metro iba repleto ...... gente.
8. Está enfadado ...... Amelia y no sé por qué.
9. Los artículos que se venden en los aeropuertos están libres ...... impuestos.
10. Esta región es muy rica ...... minerales.

259. Forme frases con las siguientes expresiones

sobre todo	en absoluto
por lo visto	por poco
ni mucho menos	ni siquiera
en broma	en serio
en realidad	en resumen
en general	de verdad

Apuntes de clase

unidad 50

260. Siguiendo el modelo dado, rellénense los puntos suspensivos de las siguientes frases

1. ¿Te gustó la película? A mí *no me gustó,* pero *a él sí le gustó.*
2. ¿Os gustó la película? A nosotros ......, pero a ellos ......
3. ¿Le gustó a Vd. la película? A mí ......, pero a Vds. ......
4. ¿Les gustó a ellos la película? A ellos ......, pero a nosotros ......
5. ¿Le gustó a ella la película? A ella ......, pero a ti ......
6. ¿Les gustó a Vds. la película? A nosotros ......, pero a él ......
7. ¿Les gustó a ellas la película? A ellas ......, pero a mí ......
8. ¿Te gustaron las películas? A mí ......, pero a Vds. ......
9. ¿Os gustaron las películas? A nosotros ......, pero a ellos ......
10. ¿Les gustaron a Vds. las películas? A nosotros ......, pero a ti ......

261. Conteste a las siguientes preguntas afirmativa y negativamente en primera persona

1. ¿Te has enterado de las últimas noticias?
2. ¿Os habéis puesto el impermeable?
3. ¿Se ha dado Vd. cuenta de su manera de hablar?
4. ¿Cuándo os marcháis?
5. ¿Se fueron Vds. temprano?
6. ¿Te han saludado los vecinos de arriba?
7. ¿Le he asustado a Vd.?
8. ¿Os importaría quedaros un rato más?
9. ¿Te hace falta algo más?
10. ¿Le gustan a Vd. los calamares fritos?

262. Úsese la forma correcta de los pronombres personales en las siguientes frases

1. Para ...... (yo), Grecia es un país muy atractivo.
2. No puedo vivir sin ...... (tú).
3. Con ...... (tú) es difícil entenderse.
4. Lo hice por ...... (Vd.).
5. Se lleva muy mal con ...... (yo).
6. Para ...... (vosotros), la vida es una continua fiesta.
7. Siento mucho marcharme sin ...... (él).
8. ¿Te lo comunicaron a ...... (tú)?
9. Estaba detrás de ...... (yo) y no me daba cuenta.
10. Lo vi venir hacia ...... (yo).

263. Usos del artículo. Rellene los puntos con la forma adecuada del artículo determinado, en los casos en que sea necesario

1. ...... justicia es una virtud poco común.
2. Esta mañana fui a ...... iglesia.
3. ¡Ponte ...... sombrero antes de salir!
4. Lo metieron en ...... cárcel.
5. Voy a ...... clase todos ...... días.
6. Vendré a verte ...... martes.
7. Estudio ...... filosofía.
8. Nació ...... cinco de febrero.
9. Bebe ...... vino con ...... comidas.
10. ...... vasco es un idioma interesante.

*264. Explique el significado de las siguientes frases

1. Ese individuo me saca de quicio.
2. Le pillamos con las manos en la masa.
3. El médico le dio de alta.
4. Voy a borrarme de esa sociedad porque no me gusta nada.
5. Es muy exigente; no pasa nada por alto.
6. Se pasa el día de brazos cruzados.
7. ¿Qué haces? ¡Ya ves, estoy matando el tiempo!
8. Lo hizo en un abrir y cerrar de ojos.

Apuntes de clase

unidad 51

265. Conteste a las siguientes preguntas, en forma negativa y afirmativa, sustituyendo la parte en cursiva por el pronombre adecuado

1. ¿Sacaste *las entradas?*
2. ¿Has terminado *el ejercicio?*
3. ¿Vas a limpiar *el coche?*
4. ¿Han fregado *los platos?*
5. ¿Has probado *la tarta?*
6. ¿Vas a fumar *ese puro?*
7. ¿Has cerrado *las ventanas?*
8. ¿Has mandado ya *las cartas?*
9. ¿Hay *mucha nieve en la sierra?*
10. ¿Había *mucho tráfico en la carretera?*

***266. Conteste a las siguientes preguntas en forma abreviada, siguiendo el modelo**

¿Está enferma tu suegra? Sí (no), lo está.

1. ¿Es Vd. católico?
2. ¿Sabe Carmen que estás aquí?
3. ¿Necesitas ver a un médico?
4. ¿Eran aquellos señores parientes tuyos?
5. ¿Has oído que mañana es fiesta?
6. ¿Ves cómo no tenía razón?
7. ¿Estás cansado?
8. ¿Comprendes ahora por qué gritaba tanto?
9. ¿Crees posible la destrucción del mundo?
10. ¿Espera Vd. que acudan a la cita?

⋆267. Ejercicio sobre cambios de posición con inclusión de un pronombre personal. Repita las siguientes frases empezando por la parte en cursiva

Frase modelo: El niño rompió *el vaso* - El vaso, *lo* rompió el niño.

1. Este dependiente vendió *algunas corbatas.*
   ......
2. Ya hemos hecho *los ejercicios.*
   ......
3. Yo compro *el pan.*
   ......
4. La muchacha planchó *la falda.*
   ......
5. Ella barre *los suelos.*
   ......
6. Cervantes escribió *El Quijote.*
   ......
7. Juan dijo *esto.*
   ......
8. Tú echaste *las cartas* al correo.
   ......
9. Ellos terminaron *el trabajo.*
   ......
10. Ya he leído *esos periódicos.*
    ......

268. Usos del artículo. Rellene los puntos con la forma adecuada del artículo determinado, en los casos en que sea necesario

1. ¿Sabe Vd. ...... inglés?
2. ...... griegos fueron ... .. padres de ...... civilización occidental.
3. ...... año que viene estaré con vosotros.
4. He comido ...... carne al mediodía.
5. No me gusta ...... cena de hoy.
6. Este niño tiene ...... hambre; ¡dale ...... chocolate!
7. Todas ...... enfermedades son malas.
8. ...... tabaco es perjudicial para ...... salud.
9. Me duele ...... estómago
10. Se metió ...... mano en ...... bolsillo.

269. Usos de artículo. Rellene los puntos con la forma adecuada del artículo determinado, en los casos en que sea necesario

1. ¡Quítate ...... chaqueta!
2. Este tren lleva vagones de ...... segunda clase.
3. No te olvides de darle ...... gracias.
4. ...... cáncer es una enfermedad terrible.
5. ...... gente dice muchas tonterías.
6. El público tiene ...... derecho a protestar.
7. No me gusta jugar a ...... cartas.
8. Siempre llega a ...... última hora.
9. Está Vd. perdiendo ...... tiempo.
10. Podemos hablar a ...... hora de comer.

*270. Explique el significado de las siguientes frases con el verbo PEGAR

1. Antes de escribir la dirección, pegue Vd. el sello.
2. ¡Hija!, ese bolso no pega con los zapatos.
3. Me pegó un susto de muerte.
4. Estaba tan desesperado de la vida que se pegó un tiro.
5. Esa música se pega mucho al oído.
6. ¡Pero mujer!, se te han vuelto a pegar las judías.
7. Estoy pegado en física.
8. Se pegó un golpe contra la puerta de cristal.

Apuntes de clase

unidad 52

***271. Ejercicio sobre cambios de posición con inclusión de uno o dos pronombres personales. Repita dos veces cada una de las siguientes frases empezando por las partes en cursiva**

Frase modelo:

(Le) entregué *los zapatos al zapatero*
Los zapatos *se los* entregué al zapatero
Al zapatero *le* entregué los zapatos

1. Le he alquilado *esta casa a un amigo mío.*
2. Les había dado *el dinero a sus hijos.*
3. Le ha comprado *el coche a ese mecánico.*
4. Ya les han anunciado *la ceremonia a sus invitados.*
5. Les hemos explicado *la teoría a los alumnos.*

***272. Respóndase a las siguientes preguntas, repitiendo el verbo, según la frase modelo**

¿Hay mucha gente hoy en clase? Sí, *la* hay.

1. ¿Tiene Vd. mucha prisa?
2. ¿Hay botellas de leche cn la nevera?
3. ¿Quién ha hecho esto?
4. ¿Venden Vds. fiambres?
5. ¿Has terminado la carrera?
6. ¿Estudia Vd. idiomas?
7. ¿Tenían ellos hambre?
8. ¿Había algún programa interesante en la tele?
9. ¿Habéis visto la última película de Brigitte Bardot?
10. ¿Sabe Vd. ya el resultado de la operación?

***273. Contéstese a las siguientes preguntas, afirmativa y negativamente, repitiendo el verbo e incluyendo el pronombre LO**

Frase modelo: ¿Está Vd. satisfecho? Sí, *lo* estoy.

1. ¿Eran protestantes?
2. ¿Estás cansado?
3. ¿Es Vd. feliz?
4. ¿Estaban de buen humor?
5. ¿Son Vds. ricos?
6. ¿Estaba ella nerviosa?
7. ¿Ha sido Vd. soldado alguna vez?
8. ¿Está Vd. soltera?
9. ¿Fuisteis campeones de natación?
10. ¿Estabas acostado cuando llamé?

274. Ponga el artículo determinado delante de los siguientes nombres de ciudades y países

Argentina	Brasil
Florida	Coruña
Canadá	Pakistán
India	Uruguay
Cairo	China

275. Rellene los puntos con el verbo específico que necesite el contexto

1. Antes de empezar, tiene Vd. que ...... me una idea de lo que tengo que hacer.
2. No creemos que él ...... razón.
3. Después de cenar, ellos siempre ...... una vuelta.
4. Tengo que ...... las entradas para el partido.
5. Compró un billete de lotería y le ...... el gordo.
6. A él no le gusta ...... riesgos innecesarios.
7. Hoy a las siete tengo que ...... una conferencia en la universidad.
8. ¡Un momento! Quiero ...... una pregunta a ese señor.
9. El ejercicio le ...... muy bien.
10. Me apetece ...... un trago.
11. Está contento porque ha ...... el examen.

*276. Rellene los puntos con la preposición adecuada

1. Hay que insistir ...... este punto.
2. No te aproveches ...... la situación.
3. El lunes empiezo ...... trabajar en mi nuevo empleo.
4. No te enfades ...... él.
5. No me acuerdo ...... lo que has dicho.
6. Me ayudó ...... arreglar la cerradura.
7. No te olvides ...... traerme el cuaderno.
8. Deberías darles las gracias ...... el favor que te hicieron.
9. ¿Cuánto tardas ...... ir desde tu casa a la biblioteca?
10. Los ateos no creen ...... Dios.

277. Ejercicio sobre los relativos. [illegible] las formas QUE, QUIEN, ES, CUYO, A, [illegible] en las siguientes frases.

278. Ejercicio sobre los relativos. Sustitúyanse las formas EL CUAL, LA CUAL, LOS CUALES, LAS CUALES, por otros relativos.

unidad 53

277. Ejercicio sobre los relativos. Úsense las formas QUE, QUIEN -ES, CUYO -A -OS -AS en las siguientes frases

1. La montaña ...... se ve desde aquí es muy alta.
2. La chica con ...... salgo es morena.
3. El guardia ...... está en la esquina nos puso una multa.
4. La firma Renault, ... coches se venden mucho en España, es francesa.
5. ...... estuvo aquí fue Margarita.
6. Las cosas ...... dice no me interesan.
7. El hombre ...... esposa ha muerto se llama viudo.
8. ...... estudia, aprueba.
9. Las películas ...... ponen esta semana no me gustan.
10. He visto al muchacho de ...... me hablaste.

278. Ejercicio sobre los relativos. Sustitúyanse las formas EL CUAL - LA CUAL - LOS CÚALES - LAS CUALES, por otros relativos

1. La compañía para *la cual* trabajo es americana.
2. El libro de ejercicios que usé el año pasado, con *el cual* aprendí mucho, no me sirve ya.
3. Mis primos de Soria, *los cuales* no habían estado nunca en Madrid, llegaron ayer.
4. Las obras del teatro de vanguardia, *las cuales* suelen ser muy complicadas, me aburren.
5. Los libros de ese autor, *del cual* se oye hablar tanto, son muy caros.
6. La discoteca a *la cual* suelo ir está en las afueras de la ciudad.
7. Éste es el café en *el cual* nos conocimos.
8. Las costumbres de mi familia, *las cuales* han sido siempre bastante provincianas, están cambiando rápidamente en estos últimos años.

*279. Ejercicio sobre el relativo. Observe la frase modelo y forme frases compuestas con los siguientes pares

El hombre vino; el hombre era mi amigo=El hombre que vino era mi amigo.

1. El guardia dirige la circulación; el guardia me puso una multa.
2. La chica es rubia; yo salgo con ella.
3. La calle es muy céntrica; yo vivo en esa calle.
4. Estos cigarrillos son baratos; yo fumo estos cigarrillos.
5. El programa de televisión era aburrido; ellos vieron ese programa.
6. El señor era maleducado; nosotros discutimos con él.
7. El locutor no es español; vosotros estáis escuchando su voz.
8. La mujer es francesa; yo estoy enamorado de ella.
9. El reloj era japonés; tú lo compraste.
10. La pensión era muy barata; nosotros vivíamos en ella.

280. Usos de artículo. Rellene los puntos con la forma adecuada del artículo determinado, en los casos en que sea necesario

1. Tenemos clase ...... lunes, ... miércoles y ...... viernes.
2. Estudia ...... Derecho.
3. Hoy es ...... sábado.
4. Levantó ...... cabeza para mirarme.
5. No nos gusta estudiar de ...... noche.
6. Le gustaba mucho ...... café con leche.
7. Trabaja por ...... horas en ...... servicio doméstico.
8. Se lo digo a Vd. por ...... última vez.
9. Estaba en ...... cama cuando fui a verle.
10. Esta tarde estaré en ...... casa.

281. Ponga el artículo indeterminado en los casos en que sea necesario

1. Estuvo aquí hace media ...... hora.
2. Mi tía fue ...... enfermera en ese hospital.
3. Esa chica tiene ...... ojos muy bonitos.
4. ¿Es Vd. ...... inglés o ...... norteamericano?
5. Era ...... ateo convencido.
6. Viví allí ...... semanas nada más.
7. ¿Era él ...... médico?

8. Era ...... ingeniero muy bueno.
9. La reunión duró tres cuartos de ...... hora.
10. Han venido ...... amigos tuyos a verte.

282. Haga frases con las siguientes palabras, demostrando claramente la diferencia de significado

cuchara - tenedor - cuchillo - cucharilla
mantel - servilleta
sartén - cazo - puchero
entrada - billete
tren - tranvía - metro
sábana - manta
taxi - autobús - coche

Apuntes de clase

unidad 54

283. Póngase una forma apropiada del artículo determinado en las siguientes frases

1. ...... que me dices no me gusta nada.
2. Las películas del oeste son ...... que más me gustan.
3. Cuéntame ...... que ocurrió.
4. El vestido que se compró Juanita no me gusta, pero ...... que te compraste tú, me encanta.
5. ...... que han hecho esto deben de ser ladrones profesionales.
6. La compañera con ...... que vivo tiene un novio español.
7. ...... que nada bien es Juan.
8. Tus amigos son ...... que lo saben.
9. ...... que pasaron las vacaciones en la playa están morenas
10. Aquel alumno es uno de ...... que más sabe.

284. Ejercicio sobre interrogativos. Rellene los espacios en blanco con la forma interrogativa adecuada

1. ¿...... de esas dos señoras es tu madre?
2. ¡Pero hombre!, ¿...... te pasa?
3. ¿...... ha hecho eso?
4. ¿...... lo supiste tan pronto?
5. ¿...... saliste de Madrid?
6. ¿...... vives ahora?
7. ¿...... hace ese señor?
8. ¿...... no me habéis dicho la verdad?
9. ¿...... razón dice Vd. eso?
10. ¿...... son las ciudades españolas que Vd. conoce?

285. Haga preguntas que correspondan a las siguientes respuestas

1. Mañana es sábado.
2. Vino ayer.
3. Iremos nosotros.
4. Porque estaba cansado.
5. En el bar de la esquina.
6. Estoy muy bien, gracias.
7. Hemingway escribió esa novela.
8. Éste es el que quiero.
9. Porque tengo prisa.
10. Yo he llamado por teléfono.

*286. Ponga el artículo indeterminado en los casos en que sea posible o necesario

1. Sois ...... tontos por hacerle caso.
2. ¡No seáis ...... tontos!
3. Tendrá ...... cuarenta años.
4. Me iré dentro de ...... media hora, más o menos.
5. Santander está a ...... 400 km. de Madrid.
6. Era toda ...... mujer.
7. Ese obrero es ...... vago.
8. Estos señores son ...... católicos.
9. No salgo con Juanita porque es ...... cursi.
10. Tengo exactamente ...... 200 ptas. para terminar el mes.

287. Rellene los puntos con la preposición adecuada

1. No se apoye Vd. ...... la mesa.
2. ¿Qué pensaba ella ...... aquella mujer?
3. Hemos tratado ...... verle, pero no estaba.
4. Todo consiste ...... tener un poco de paciencia.
5. ¿Qué estáis murmurando ...... mí?
6. Me pasé la tarde pensando ...... ti.
7. Dejó ...... estudiar a los catorce años.
8. Siempre hemos soñado ...... tener un yate.
9. Se dedica ...... la pintura.
10. Entonces nos dimos cuenta ...... sus intenciones.

Apuntes de clase

unidad 55

***288. Rellene los puntos con la palabra QUÉ o CUÁL**

1. ¿...... hay de nuevo?
2. ¿...... es la diferencia?
3. ¿...... diferencia hay entre el bien y el mal?
4. ¿...... es esto?
5. ¿...... de ellos prefiere Vd.?
6. ¿...... reloj es el tuyo?
7. ¿...... importa lo que haga?
8. No sé con ...... de ellos quedarme.
9. ¿...... es el paraguas de Juan?
10. ¿...... le preguntó el profesor?
11. ¿...... cosa te has comprado?
12. ¿...... es Vd.?
13. ¿...... es su profesión?
14. ¿...... nos recomienda Vd.?
15. ¿...... es su dirección?

***289. Rellene los puntos con las partículas necesarias para completar el sentido de las frases. Algunos ejemplos necesitan más de una palabra**

1. Eres tú ...... debe decirlo, y no yo.
2. Son estos libros ...... elijo, y no aquéllos.
3. Es a él ...... deseo ver; no a ella.
4. Es con Vd. ...... iré a la comisaría.
5. Es de este libro ...... saqué la cita.
6. Fue en Benidorm ...... pasé mis vacaciones.
7. Es mañana ...... está anunciada la manifestación.
8. Era por eso ...... no quería volver a verla.
9. De este agujero es ...... salió el ratón.
10. Por esta carretera es ...... se va a Valencia.
11. Así es ...... debes hacerlo.

***290. Termine las siguientes frases usando las formas de relativo adecuadas, tomando como modelo las estructuras del ejercicio anterior**

1. Fuisteis vosotros ......
2. Es aquí ......
3. Fue ayer ......
4. Es contigo ......
5. Era de Jaime ......
6. Es por esto ......
7. Fue así ......
8. Era precisamente de ......
9. Es ella ......
10. Estos cigarrillos son ......

***291. Diga el equivalente a los siguientes sustantivos abstractos, empleando el adjetivo correspondiente precedido del artículo LO**

Modelo: *La bondad - lo bueno*

la cortesía	la estupidez
la maldad	la ambición
la tontería	la belleza
la exactitud	la brevedad
la humildad	la verdad

292. Explique el significado de las siguientes frases con los verbos COGER y PILLAR

1. Me pilló la tormenta en pleno campo.
2. Cogió una borrachera tremenda.
3. Cogió el tifus y casi se muere.
4. Al salir de clase casi me pilla el autobús.
5. Anoche tardé mucho en coger el sueño.
6. Ten cuidado no te pilles los dedos.
7. Le cogió el toro y tuvieron que llevarlo a la enfermería.
8. Es imposible coger La Voz de América en esta radio.

Apuntes de clase

unidad 56

293. Rellene los puntos con la preposición adecuada POR o PARA

1. El sol sale ...... la mañana.
2. ¿...... quién es esto?
3. ¿...... dónde has venido?
4. Me lo vendió ...... veinte duros.
5. ......mi gusto, las playas del norte son demasiado frías.
6. ¡...... Dios, no digas tonterías!
7. Lo oí ...... la radio.
8. Salga Vd. ...... la puerta.
9. Mañana salgo ...... Roma.
10. Pagué más de 5.000 ptas. ...... este cuadro.

294. POR o PARA

1. ...... ahora, creo que no hay nada que hacer.
2. ...... ir al centro tiene Vd. que coger el metro.
3. Se suicidó tirándose ...... la ventana.
4. Antonio estudia ...... ingeniero.
5. ...... mañana, estudien Vds. la lección siguiente.
6. ...... lo visto, no ha hecho buen tiempo.
7. Pregunte Vd. ...... la enfermera de guardia.
8. ...... lo menos, debería haberme avisado.
9. Esta paella es suficiente ...... tres personas.
10. ¿Vive Vd. ...... aquí, señorita?

295. POR o PARA

1. La casa fue destruida ...... el fuego.
2. ...... mí, puede Vd. hacer lo que quiera.
3. Tengo que llamar ...... teléfono.
4. Se compró una radio ...... el coche.
5. Siempre dice que trabaja ...... obligación.
6. Ha viajado ...... todos los países de Europa.
7. ...... mí, ese profesor es estupendo.
8. Te lo digo ...... que lo sepas.
9. Le cogió ...... el cuello y le tiró al suelo.
10. ¿...... qué vamos a protestar si no nos van a hacer caso?

*296. Ponga el artículo determinado, masculino, femenino o neutro en los siguientes ejemplos

1. ...... curioso es que todavía no sabemos cómo se llama.
2. Esto es ...... bueno.
3. Éste es ...... bueno.
4. ...... difícil es ser justo.
5. Ésta es ...... mejor película que he visto últimamente.
6. ...... quijotismo es muy difícil de definir.
7. ...... triste era que lo sabía, pero no me acordaba.
8. ...... más guapa era ...... más antipática.
9. ...... principal es que trabajen Vds.
10. Eso me parece ...... más lógico.

*297. Sustituya la partícula en cursiva por una estructura sinónima con LO

Frase modelo:

Vamos a ver *qué* bien lo haces=Vamos a ver *lo* bien *que* lo haces.

1. No sabes *qué* bonita es.
2. No te puedes imaginar *qué* mal lo pasé.
3. No sospechas *qué* triste está.
4. Ya sabes *cuánto* la quiero.
5. ¡A ver *qué* hacéis!
6. No te figuras *cómo* le odio.
7. Hay que ver *qué* guapa venía ayer.
8. ¡A ver *qué* dices delante de esos señores!
9. ¡Hay que ver *qué* cansado estoy!

298. Explique el significado de los siguientes modismos y utilícelos en frases

Dar coba a alguien.
Estar de buenas (malas).
No andarse por las ramas.
Estar a régimen.
Ser un sinvergüenza.
Estar en estado.

Apuntes de clase

unidad 57

299. POR o PARA

1. ¡Hombre, no es ...... tanto!
2. ...... lo general, habla poco.
3. He sabido ...... Ricardo que te casas el mes que viene.
4. Tengo que ir a Galerías Preciados ...... cambiar este jersey.
5. Me cambió su reloj ...... el mío.
6. Había colillas tiradas ...... todo el salón.
7. Hagan Vds. este ejercicio ...... el jueves.
8. Como he estado enfermo, Paco dio la clase ...... mí.
9. ...... ganar dinero, hay que dedicarse a los negocios.
10. ¡Amor mío, me muero ...... ti!

300. POR o PARA

1. Cinco ...... cinco son veinticinco.
2. Tocamos a 100 ptas. ...... persona.
3. No estoy ...... bromas.
4. Cada uno debe luchar ...... sus ideas.
5. ...... ser andaluza, no es muy morena.
6. ¡...... cierto, todavía no me has dado tu número de teléfono!
7. Te enviaremos el paquete ...... avión.
8. Vendré ...... tu cumpleaños.
9. ...... lo mucho que gasta en ropa, no va muy bien vestido.
10. ...... lo que cuenta, no debe ser feliz en su matrimonio.

301. Colóquese el artículo determinado, indeterminado o neutro en los siguientes ejemplos

1. Dijo que llegaría ...... viernes.
2. Siempre está haciendo ...... ridículo.
3. ...... más sensato es no decir nada.
4. Tiene ...... hermano cura.
5. Se casó con ...... hombre muy trabajador.
6. Prefiere ...... arte a ...... literatura.
7. Esto es ...... grave del asunto.
8. ...... malo de la película muere al final.
9. La casa estaba en ...... alto de una colina.
10. Es ...... ignorante que no sabe nada de nada.

*302. Sustituya la partícula en cursiva por una estructura sinónima con el artículo determinado, masculino o femenino

Frase modelo:
¡Hay que ver *cuánto* dinero tiene! = ¡Hay que ver *el* dinero *que* tiene!

1. ¡A ver *qué* regalo me traéis!
2. No te imaginas *qué* ganas tiene de verte.
3. No sabes *cuántas* veces me he acordado de ti.
4. No puede Vd. sospechar *qué* sorpresa recibí.
5. ¡Hay que ver *cuántos* premios ganó!
6. ¡Cualquiera sabe *qué* color prefiere!
7. No sabes *cuánta* hambre tengo.
8. ¡Hay que ver *qué* sueño tengo!

303. Conteste a las siguientes preguntas

1. ¿Qué se necesita para coser un botón?
2. ¿Qué se necesita para limpiar los zapatos?
3. ¿Qué se necesita para sujetar los pantalones?
4. ¿Qué prendas de vestir se necesitan cuando llueve?
5. ¿Qué se necesita para poder enviar una carta?
6. ¿Qué necesitamos para calentarnos cuando hace frío?
7. ¿Qué se necesita para abrir la puerta de entrada a una casa?
8. ¿Qué se necesita para clavar un clavo?
9. ¿Qué se necesita para abrir una botella?
10. ¿Qué se necesita para afeitarse?
11. ¿Qué se necesita para pintarse los labios?

304. Explique el significado de las siguientes frases con el verbo SACAR

1. Esta falda te queda muy estrecha; hay que sacarle un poquito.
2. ¡Ponte guapa que te voy a sacar una foto!
3. Sacó el número 1 en la oposición.
4. ¿Has sacado algo en limpio después de hablar con él?
5. Este muchacho está altísimo; le saca cuatro centímetros a su padre.
6. Con este negocio podemos sacar mucho dinero.

Apuntes de clase

unidad 58

305. Colóquese el artículo determinado, indeterminado o neutro, donde sea necesario

1. En ...... fondo del mar hay plantas muy curiosas.
2. Tengo ...... amigo que es ...... dentista.
3. Hoy han elegido a ...... guapa de ...... año.
4. Ese tipo es ...... rico del barrio.
5. Me han dado ...... paliza tremenda.
6. Me pagó ...... cinco duros que me debía.
7. ¡Hablad en ...... voz baja, porque hay un enfermo!
8. A casi todos ...... niños les gusta ...... dulce.
9. ¡Qué ...... camisa más sucia llevas!
10. ¡Hay que ver ...... bien que te sienta ese peinado!

306. Colóquese el artículo determinado, indeterminado o neutro donde sea necesario o simplemente posible

1. ...... que sepas mucho no te da derecho a presumir tanto.
2. En ...... España del siglo XV había continuas luchas entre moros y cristianos.
3. ...... beber con exceso es nocivo para ...... salud.
4. Hicimos ...... alto en ...... camino.
5. Se echó ...... siesta de dos horas.
6. ...... paella es ...... plato típico español muy conocido.
7. ¿Te has enterado de ...... Luciano?
8. Aún no sabes ...... más gracioso.
9. Tenía ...... sonrisa encantadora.
10. ...... hacer deporte es siempre recomendable.

307. Rellene los puntos con la preposición adecuada

1. Vd. no tiene derecho ...... quejarse.
2. ...... espera ...... sus noticias, le saludo atentamente.
3. No tengo el gusto ...... conocer a su esposa.
4. Tenía mucho interés ...... ver ese partido de fútbol.
5. ¡Haga Vd. el favor ...... callarse!
6. Era muy aficionado ...... las quinielas.
7. No estoy ...... acuerdo ...... lo que dices.
8. No somos partidarios ...... la violencia.
9. Están dispuestos ...... pagar lo que les pidan.
10. Estamos decididos ...... salir esta misma noche.

308. Termine las siguientes frases utilizando la preposición adecuada que exige cada verbo

1. Se está aprovechando ......
2. Creo que se interesa ......
3. Estamos avergonzados ......
4. Nunca ayuda ......
5. Contamos ......
6. Se preocupa mucho ......
7. Se enfadaron ......
8. No sabe jugar ......
9. Alguien pregunta ......
10. Siempre se está quejando ......

309. Forme frases con lás siguientes expresiones

en punto
por fin
de balde
a ver
por otra parte
de noche

la mar de
en el fondo
de golpe
por el contrario
al fin y al cabo
de día

310. Rellene los puntos con el verbo específico que necesite el contexto

1. Juanita es muy tímida; en seguida ...... colorada.
2. En cuanto le vea, le ...... la enhorabuena.
3. En muchos países, los menores de 21 años no ...... en las elecciones.
4. ¡No corras!, el tren ...... una hora de retraso.
5. En verano, salía por las noches para ...... el fresco.
6. Tenemos que ...... una conferencia a nuestros padres.
7. Si te molesta Arturo, ... lo a hacer gárgaras.
8. La película El último tango no ha sido ...... en España.
9. Mañana (nosotros) ...... nuestras bodas de plata.
10. Voy a llamarles por teléfono para ...... les mi llegada.
11. Estamos tristes porque hemos ...... esta asignatura.